HEYNE <

Das Buch

Menschen, die von ganzem Herzen verzeihen können, sind gesünder und zufriedener als andere. Die Fähigkeit, wirklich zu verzeihen, bewirkt eine so umfassende Wandlung unseres Lebens, wie wir sie uns niemals hätten träumen lassen. Wenn an Stelle von Hass die Liebe, an Stelle von Angst die Zuversicht tritt, haben wir unseren Frieden mit uns und der Welt gemacht und ersetzen Krankheit durch Gesundheit und Unglücklichsein durch Glück.

Gerald G. Jampolsky, der weltbekannte Bestsellerautor, vermittelt in diesem Buch die Essenz seines jahrzehntelangen Wirkens. Er zeigt, wie wir unseren seelischen Schutzwall aus verdrängter Wut, aufgestautem Ärger und emotionaler Verhärtung aufgeben und wirklich verzeihen können – uns selbst und unseren Mitmenschen.

Der Autor

Dr. Gerald G. Jampolsky, Arzt, Psychologe und Bestsellerautor, ging selbst durch alle leidvollen Tiefen des menschlichen Lebens. Wenn er dennoch zum Symbol für eine innere Einstellung wurde, die frei von Angst, voller Glück und Liebe ist, dann vor allem aus einem Grund: weil er selbst zu verzeihen gelernt hat. Seit 1975 wirkt er am Zentrum für Heilung von inneren Einstellungen bei San Francisco. Seine Bücher wurden in viele Sprachen übersetzt, ihre Auflage geht in die Millionen.

GERALD G. JAMPOLSKY

Verzeihen ist die größte Heilung

Aus dem Amerikanischen
von Manfred Miethe

WILHELM HEYNE VERLAG
MÜNCHEN

Die Originalausgabe erschien unter dem Titel
»Forgiveness. The Greatest Healer of All«
bei Beyond Words Publishing, Inc., Hillsboro, Oregon
(published by arrangement with Linda Michaels Limited,
International Agents).

MIX
Papier | Fördert gute Waldnutzung
FSC® C014496
FSC www.fsc.org

Penguin Random House Verlagsgruppe FSC® N001967

9. Auflage
Taschenbucherstausgabe 9/2005

in der Penguin Random House Verlagsgruppe GmbH,
Neumarkter Straße 28, 81673 München
produktsicherheit@penguinrandomhouse.de
(Vorstehende Angaben sind zugleich
Pflichtinformationen nach GPSR)

Umschlaggestaltung: HildenDesign, München
Umschlagmotiv: © PhotoDisc
Herstellung: Helga Schörnig
Gesetzt aus der Palatino: Bei Franzis print & media
Druck und Bindung: GGP Media GmbH, Pößneck
Printed in Germany
ISBN: 978-3-453-70016-1

www.heyne.de

Dieses Buch ist meiner Frau, Seelengefährtin und Lebenspartnerin Diane V. Cirincione gewidmet, die mir in unserem gemeinsamen Leben auf so eindrückliche Weise die für mich unvorstellbare Macht der Liebe und Vergebung Gottes vorgelebt hat.

Inhalt

Vorwort

Sie halten ein Buch in Händen, das Ihr Leben verändern wird. Sicherlich haben Sie schon von solchen Büchern gehört; vielleicht haben Sie sogar schon einmal eines gelesen. Es ist wohl wahr, dass es nicht viele davon gibt. Unter den unzähligen Veröffentlichungen gibt es sogar nur ganz wenige. Aber ab und zu läuft Ihnen eines davon über den Weg. Ich meine das ganz wörtlich. Ich meine wirklich, dass es Ihnen über den Weg läuft.

Es mag sein, dass es Ihnen geschenkt wird oder dass Ihnen eine Freundin davon erzählt. Vielleicht liegt es auch bei irgendjemand auf dem Tisch. Oder es ist das Einzige, das Ihnen beim Stöbern im Buchladen ins Auge fällt.

Nur Sie wissen, wie das Buch, das Sie in Händen halten, zu Ihnen gekommen ist, aber eines kann ich Ihnen versichern: Es kam nicht aus Versehen zu Ihnen. Sie lesen es nicht zufällig. Ich bin davon überzeugt, dass Gott Ihnen dieses Buch brachte. Gott macht andauernd solche

Dinge. Dies ist eine Art, wie Gott mit Ihnen kommuniziert, wenn ER etwas hat, von dem SIE findet, dass Sie es hören sollten, oder wenn Sie eine Frage an das Universum gestellt und um Erkenntnis oder Hilfe gebeten haben, weil Sie in irgendeiner Klemme stecken.

Ich weiß natürlich nicht, ob Sie im Augenblick Probleme haben, ob Sie um ein bisschen Erkenntnis gebeten haben oder ob Gott einfach findet, dass es Ihnen gut täte, etwas Bestimmtes zu lernen. Aber ich weiß genau, dass es absolut richtig ist, dass Sie dieses Buch in Händen halten.

Auch Sie werden das erkennen, wenn Sie es durchlesen. Dann werden Sie genau wissen, warum Sie es in die Hand genommen haben.

Ich möchte Ihnen etwas über den Mann erzählen, der dieses Buch geschrieben hat. Er ist einer der außergewöhnlichsten Menschen, denen ich je begegnet bin. Er ist ein Mann, der in seinem Herzen einen solchen Überfluss an Frieden, Liebe und Freude trägt, dass dieser sich in seinem Gesicht zeigt. Man kann ihn in seinen Augen sehen und in seinem Lächeln spüren. Und wenn man seine Hand schüttelt oder von ihm herzlich umarmt wird – und er umarmt häufig und gern –, fühlt man diesen Frieden, diese Liebe und Freude durch einen hindurchströmen.

Das ist also der Mann, um den es hier geht. Ich kenne Jerry persönlich und habe das alles selbst erlebt. Ich erzähle Ihnen hier deshalb von ihm, weil ich es für wichtig halte, dass Sie den Menschen kennen lernen, der Ihnen dieses Buch präsentiert. Ich möchte, dass Sie wissen, dass es aus einer äußerst vertrauenswürdigen Quelle stammt.

Natürlich braucht Jerry Jampolsky von mir weder eine Vorstellung noch einen Qualitätsstempel. Seine jahrelange Arbeit, die Gründung des »Zentrums für die Heilung von inneren Einstellungen« in der Gegend von San Francisco und seine Hilfe beim Aufbau von über 100 ähnlichen Zentren überall auf dem Globus haben ihm in aller Welt die Bewunderung zahlreicher Menschen eingebracht. Und sein außergewöhnliches Buch *Lieben heißt die Angst verlieren* gilt zu Recht als einer der wichtigsten Texte gelebter Spiritualität, die in den letzten 50 Jahren erschienen sind.

Ich möchte aber nicht so sehr, dass Sie wissen, wer Jerry ist, sondern dass Sie wissen, dass er tatsächlich der ist, für den Sie ihn halten, wenn Sie bereits Bücher von ihm gelesen haben oder sein Lebenswerk kennen. Mit anderen Worten: Er ist ein Mensch, der lebt, was er predigt.

Warum ist es für mich so wichtig, dass Sie das wissen? Nicht weil ich glaube, dass Jerry auf dieses Lob angewiesen ist. Das ist wohl kaum der Fall. Aber ich finde es für Sie wichtig zu wissen, wie dieser Mann ist, weil sein Leben der lebendige Beweis dafür ist, dass das, was er lehrt, tatsächlich funktioniert.

Und dafür gebührt ihm meine Hochachtung, denn Jerry musste in seinem Leben mit vielem fertig werden. Sie müssen hier nicht alle Einzelheiten erfahren; es soll genügen, dass Sie wissen, dass sein Leben nicht gerade das gewesen ist, was man als »ordentlich« bezeichnen würde. Trotzdem hat Jerry seit über 20 Jahren die ganze Welt als seine Gemeinde angesehen und Millionen Menschen inspiriert.

Was hat diesen inneren Wandel bei ihm bewirkt? Dasselbe, was auch in Ihnen eine Veränderung einleiten wird – das Thema dieses Buches: Verzeihen.

Eines soll hier in aller Deutlichkeit über Jerry

Jampolsky gesagt werden: Er ist nicht vollkommen. Niemand, der ihn kennt, würde das behaupten. Aber sie alle werden sagen, dass er sich voll und ganz darüber im Klaren ist, dass er ebenso wenig vollkommen ist wie irgendjemand anders. Das ist seine großartige, heilsame Erkenntnis. Er hat begriffen, dass wir alle Menschen sind, dass wir alle Fehler machen, dass wir alle verletzend oder egoistisch, gemein oder gedankenlos sein können. Er weiß, was es heißt, sich mit dem Ego auseinander zu setzen, mit der Angst zu kämpfen und sich um Liebe zu bemühen. Er kennt die tiefe Enttäuschung, die daraus entsteht, dass wir groß sein möchten und doch klein handeln, gerne gütig wären und uns stattdessen unfreundlich verhalten, weise sein wollen und uns dennoch dumm benehmen.

Er war selbst oft genug weit weniger als sein großartiges Selbst. Seine besondere Gnade liegt darin, dass er der erste ist, der das zugibt. Sein einzigartiges Talent besteht darin, dass er der erste ist, der auch Ihnen zugesteht, nicht ganz vollkommen zu sein.

Sehen Sie, Jerry Jampolsky hat einiges über Verzeihen und Vergebung gelernt. Er hat gelernt, sich selbst zu verzeihen, dass er in vielen Momenten seines Lebens weniger als das war, *Was Er Wirklich Ist*, und er hat gelernt, anderen dasselbe zu verzeihen. Das hat Jerry an einen Ort tiefen inneren Friedens geführt. Es hat ihm die Fähigkeit verliehen, ungewöhnlich geduldig und außerordentlich gleichmütig mit Menschen umzugehen, die andere als »schwierig« bezeichnen würden. Es hat ihn dazu gebracht, bedingungslose Liebe zu praktizieren. Es hat ihm ermöglicht, sich selbst und andere zu heilen.

Nun kann es sein, dass Sie sich nicht bewusst sind, dass Sie überhaupt etwas zu heilen haben. Es kann auch sein, dass Sie tatsächlich nichts zu heilen haben. (Um ehrlich zu sein, wäre ich allerdings ziemlich überrascht, wenn das der Fall ist, da ich bisher nicht vielen Menschen begegnet bin, die keine inneren Verletzungen zu heilen hatten. Aber ich will diese Möglichkeit nicht ausschließen.) Das sollte Sie aber nicht daran hindern, andere Menschen zu heilen. Denn das ist die eigentliche Arbeit, die Sie auf diesem Planeten zu erledigen haben. Wir sind alle hierher gekommen, um einander zu heilen – um einander von jedem falschen

Gedanken zu heilen, von jeder viel zu kleinen Vorstellung, von jeder Begrenzung und von jedem durch Angst bestimmtem Konzept, das uns davon abhält, uns als das zu erleben, *Was Wir Wirklich Sind.* Uns wurden wunderbare Instrumente in die Hand gegeben, um das zu tun, und das wunderbarste von allen ist zu verzeihen.

Es kann eine der tiefgreifendsten Verwandlungen hervorrufen, die Sie sich erhoffen und für sich selbst und andere Menschen vorstellen können.

Wirklich zu verzeihen kann alles verändern – und das über Nacht. Das Aufregende ist ja gerade, dass dadurch wirklich alles anders wird. Wo Trauer ist, entsteht Freude; wo Chaos herrscht, Frieden; wo Wut regiert, Glückseligkeit. Das Verzeihen kann Sie zu sich selbst zurückführen.

Im Lauf meines Lebens ist mir immer wieder aufgefallen, dass es leichter ist, über Verzeihen und Vergebung zu reden, als es zu praktizieren. Deshalb ist mir Jerrys Buch auch so wichtig. Ich freue mich, aus ihm mehr über dieses Wunderwerkzeug und die Wunder, die es wirken kann, zu erfahren. Ich bin so froh, dass ich lernen kann, wie es zu benutzen ist, statt nur darüber zu reden.

Ich möchte zum Schluss meines Vorwortes noch etwas über dieses Buch sagen. Es enthält Jerrys Wahrheit, aber die Botschaft stammt von Gott. Gott benutzt Jerry einfach als Sprachrohr. Seien Sie sich deshalb beim Lesen dieses Buches bewusst, dass Sie ein Gespräch mit Gott führen.

Und Sie können ganz sicher sein, dass dies nicht zufällig geschieht.

Neale Donald Walsh
Autor von *Gespräche mit Gott*

EINFÜHRUNG

Ich habe dieses Buch geschrieben, weil ich davon überzeugt bin, dass wir immer das lehren, was wir lernen wollen, und weil Verzeihen und Vergebung die wichtigsten Lektionen sind, die ich zu lernen habe. Deshalb schrieb ich dieses Buch eigentlich für mich selbst als Erinnerung, dass ich das Leiden wirklich beenden möchte, das ich mir selbst und anderen durch mein Urteilen und meine Schwierigkeiten im Umgang mit dem Verzeihen bereite.

Ich weiß aus den Momenten, in denen ich diese Lektion wirklich verstanden habe, dass tiefes, echtes Verzeihen mir ein Gefühl von Freiheit, Hoffnung, Frieden und Glück schenkt, das ich auf keine andere Weise bekommen kann. Ich weiß aber auch, dass es nicht zu den Dingen gehört, die wir im Lauf unseres Lebens jemals zu Ende bringen. Vergebung geht immer weiter, sie ist in gewissem Sinn stets eine Baustelle. Vergebung ist ein niemals endender Prozess, weil – solange wir in diesen Körpern leben – ein Teil von uns immer und immer wieder versucht ist zu urteilen.

Ich muss gestehen, dass nicht ein Tag vergeht, an dem ich nicht strauchle, an dem ich mich nicht dabei erwische, wie ich über andere oder mich selbst Urteile fälle. Dass dies manchmal in scheinbar unwichtigen Situationen geschieht, illustriert eine Geschichte, die vor einiger Zeit bei einem Besuch auf der wunderschönen hawaiischen Insel Molokai passierte.

Als ich in der Frühe meinen morgendlichen Lauf am Rande eines Golfplatzes machte, entdeckte ich zwei Bierdosen, die jemand neben den Weg geworfen hatte. Als ich sie sah, wurde ich ziemlich ärgerlich und fing sofort an zu urteilen. Wie konnte jemand bloß so gedankenlos und gleichgültig sein, eine so herrliche Insel auf diese Weise zu verunstalten? Ich war wütend. Wie dumm und verblödet kann ein Mensch bloß sein, dass er seine leeren Bierdosen wegschmeißt und ein Paradies wie dieses derartig verschandelt?

Ich lief an den Bierdosen vorbei und machte mich auf den Rückweg zu meiner Unterkunft. In meinem Kopf entwarf ich ein ganzes Szenario in Bezug auf die dumme Person, die so etwas getan hatte. Aber plötzlich meldete sich meine innere Stimme: »Moment mal! Statt so zu urteilen, solltest du vielleicht lieber zurücklaufen und die Dosen aufheben.« Ganz gleich, auf welche Weise sie dort hingekommen waren – wäre es nicht besser, das Geschehene zu ändern, statt diese harten, urteilenden Gedanken im Kopf zu haben?

Dann hatte ich einen kleinen Streit mit mir selbst. Wenn ich tatsächlich zurückliefe, um die Dosen aufzuheben, würde ich möglicherweise zu spät zu meiner Verabredung kommen. War die nicht wichtiger, als Bierdosen aufzusammeln und sie richtig zu entsorgen?

Schließlich kehrte ich doch um und sammelte die Dosen auf. Während ich das tat, wurde das durch die urteilenden Gedanken verursachte Unbehagen durch ein wunderbares Gefühl von Frieden und Freude verdrängt.

Während ich zum Hotel zurücklief, wurde mein Kopf von Erinnerungen überschwemmt. Ich dachte zurück an meine Jugend, als ich selbst Müll aus dem Autofenster geworfen hatte. Ich hatte genauso dumm und gedankenlos gehandelt wie derjenige, der hier seine Bierdosen liegen gelassen hatte. In diesem Augenblick konnte ich erkennen, dass mein Verdammen dieser Tat zum Teil eine Projektion meiner eigenen Schuldgefühle und meiner Kritik an mir selbst war. Indem ich die Bierdosen aufhob und in den Mülleimer warf, tat ich mehr, als nur die Schönheit dieser paradiesischen Insel zu respektieren: Ich erlöste mich selbst von der Vergangenheit und befreite mich von meiner Selbstverurteilung!

Die Lektion bestand darin, zu erkennen, dass ich weder den Müll herumliegen lassen noch meine unangenehmen selbstkritischen Gefühle mit mir herumtragen musste. Darüber hinaus wurde mir klar, dass meine urteilenden Gefühle eigentlich mir selbst galten. Indem ich dem Menschen verzieh, der seinen Müll weggeworfen hatte, wurde ich von den Gefühlen befreit, die ich in Bezug auf mein Verhalten in der Vergangenheit mit mir herumschleppte.

Dieser Augenblick war eine Erinnerung daran, wie heilend Vergebung sein kann, wie sie uns von der Vergangenheit erlösen und uns in die Freude eines Lebens im gegenwärtigen Augenblick zu katapultieren vermag. Im Alltag bedeutet Verzeihen normalerweise kaum mehr, als die Entschuldigung eines anderen zu akzeptieren. Manchmal nehmen wir eine Entschuldigung an, nur um höflich zu sein, obwohl wir gar nicht wirklich verzeihen möchten. Manchmal klammern wir uns an unseren Groll darüber, dass eine Freundin oder ein geliebter Mensch uns im Stich gelassen hat, und glauben, dass wir uns auf diese Weise schützen können. In unserer Verwirrung halten wir uns nicht nur an dem fest, was unser Leiden verursacht; wir verschließen auch die Augen vor dem, was uns heilen kann.

Am schwerwiegendsten ist für mich wahrscheinlich, dass die Unfähigkeit zu verzeihen mich an Ereignisse bindet, die in der Vergangenheit stattgefunden haben. Sobald ich mich an vergangenen Groll klammere, verdamme ich mich selbst dazu, in Finsternis zu leben. Hätte ich mich an der Vergangenheit festgehalten und mein Urteil bezüglich der Bierdosen nicht losgelassen, würden diese wahrscheinlich immer noch neben dem Weg auf Molokai liegen – und mir würde es wegen meiner eigenen Selbstverdammung immer noch schlecht gehen.

Vergebung erlöst uns von so vielem. Sie beendet den Kampf mit uns selbst und erlaubt uns damit aufzuhören, Wut und Schuldzuweisung endlos wiederzukäuen.

Indem wir verzeihen, erkennen wir, wer wir wirklich sind. Mit Vergebung im Herzen können wir endlich Liebe als unser wahres Wesen erfahren. Dies ist der große Heiler, der es uns ermöglicht, uns miteinander und mit allem Leben verbunden und als eins zu fühlen.

Vergebung besitzt die Macht unser inneres und äußeres Leben zu heilen. Durch sie kann sich unsere Sicht von uns selbst und anderen von Grund auf wandeln. Vergebung kann unsere Wahrnehmung der Welt auf den Kopf stellen! So enden all die inneren Konflikte, die fast alle von uns ständig mit sich selbst austragen – und zwar enden sie für immer.

Stellen Sie sich vor, welcher Friede auf unserem Planeten herrschen würde, wenn alle Menschen ihren alten Groll auf ihre Nachbarn aufgeben würden. Stellen Sie sich vor, was geschehen würde, wenn wir alle die jahrhundertealten Kämpfe wegen ethnischer oder religiöser Unterschiede beenden und alle durch sie entstandenen Wunden heilen würden.

Ich bin seit über 40 Jahren Arzt. Ich kann mich

an viele Menschen mit einer ganzen Reihe von Krankheiten erinnern – von Rückenbeschwerden über Magengeschwüre und Bluthochdruck bis hin zu Krebs –, denen es spürbar besser ging, als sie anfingen zu verzeihen. Es hat mir Mut gemacht, dass in den letzten Jahren Forschungsergebnisse veröffentlicht wurden, die einen Zusammenhang zwischen Vergebung und Gesundheit beweisen. Wir wissen heute, dass die Unfähigkeit zu verzeihen – das heißt das Festhalten von Wut, Angst und Schmerz – negative Auswirkungen auf den Körper hat, die sogar messbar sind. Auf diese Weise entstehen Verspannungen, die alle physiologischen Systeme beeinflussen, von denen unsere Gesundheit abhängt. Die Unfähigkeit zu verzeihen beeinträchtigt den Blutkreislauf, schwächt das Immunsystem, belastet das Herz, das Gehirn und im Prinzip jedes Organ des Körpers. Die Fähigkeit zu verzeihen ist tatsächlich ein überaus wichtiger Gesundheitsfaktor!

Dabei muss ich an meine Jahre als Alkoholiker denken. Trinken war für mich eine Möglichkeit, den Schmerz, der durch meine Selbstverdammung und mein ständiges Verurteilen anderer Menschen entstandenen war, zu betäuben. Aber: Diese Art des Umgangs mit meinen Gefühlen wurde für mich selbst und andere zur Ursache von Stress. Hätte ich dieses Muster weiterhin ausgelebt, wären die Konflikte sowohl in meinem inneren als auch in meinem äußeren Leben noch verschärft worden. Als Folge hätte ich wahrscheinlich schwere Krankheiten wie Leberzirrhose, Krebs, Magengeschwüre oder Herzprobleme entwickelt.

Vor 25 Jahren entstand das erste *Zentrum für die Heilung von inneren Einstellungen,* zunächst als Zufluchtsort für schwerkranke Kinder, aber schon bald wurden dort auch Heranwachsende und Erwachsene aufgenommen. Inspiriert von bestimmten Prinzipien aus dem Buch *Ein Kurs in Wundern* besteht das vorrangige Ziel aller Beteiligten darin, inneren Frieden zu finden, um an Körper, Geist und Seele zu gesunden und durch das Loslassen von Angst Heilung zu ermöglichen. Selbst in den Momenten, in denen nichts getan werden konnte, um den Zustand des Körpers zu ändern, waren viele von ihnen in der Lage, ihre Gefühle der Wut, des Verrats, der Ungerechtigkeit und der Angst vor Krankheit zu heilen. Indem sie sich selbst und anderen verziehen, stellten viele von ihnen fest, dass sie von ihren Ängsten und Beschwerden befreit waren und ein schöpferisches, produktives und glückliches Leben führen konnten.

Heute hat das Zentrum 120 Schwesterzentren in aller Welt, in denen das Prinzip der Heilung von inneren Einstellungen auf eine ganze Reihe von Herausforderungen angewendet wird – von Beziehungsproblemen über ein Leben mit schweren Krankheiten bis hin zu Konflikten innerhalb von Familien und Organisationen.

Das Verzeihen bleibt die zentrale Lehre dieser unentgeltlich arbeitenden Zentren. Durch sie kommt auch weiterhin Trost und Freiheit in das Leben vieler Menschen, selbst wenn diese mit äußerst schwierigen Umständen konfrontiert werden. Das Buch, das Sie in Händen halten, wurde von Tausenden von Heilungsgeschichten inspiriert. Weil ich beobachten konnte, wie viel Gutes durch die Heilung von inneren Einstellungen entsteht, bin ich von der unübertroffenen Macht des Verzeihens überzeugt. Wenn wir unsere Einstellung ändern, werden wir an einen Ort des Friedens geleitet – ganz gleich, welche Herausforderungen das Leben für uns bereithalten mag.

Die Gedächtnishilfen am Ende jedes Kapitels

können als tägliche Meditation dienen. Es mag auch von Nutzen sein, sie auf ein Blatt Papier oder ein Kärtchen zu schreiben und überall mit hinzunehmen, damit Sie sich mehrmals am Tag darauf einstimmen können.

Ich hoffe, dass Sie beim Lesen dieses Buches einen Weg entdecken, durch den Sie glücklicher, friedvoller und freier sein können. Wir alle machen diese Reise zusammen! Ich bin fest davon überzeugt, dass wir durch das Üben des Verzeihens nicht nur mehr Freude und Frieden in unser eigenes Leben bringen, sondern in das Leben aller Menschen in unserer Nähe.

*Was wir anderen vergeben müssen, könnte etwas in uns selbst sein, das wir aus unserem Bewusstsein getilgt haben.**

*Wir können uns dafür entscheiden, inneren Frieden zu unserem einzigen Ziel zu machen.**

*Wir sind für unser Glück
selbst verantwortlich.**

Ein Wort an die Leser

Vielleicht entscheiden Sie sich dafür, beim Lesen dieses Buches ein Notiz- oder Tagebuch bereitzuhalten. Es dürfte nützlich sein, dass Sie sich Notizen machen und spontane Einsichten aufschreiben.

Ich schlage vor, dass Sie Ihr Tagebuch mit einer Liste jener Menschen beginnen, denen Sie möglicherweise verzeihen könnten. Führen Sie auf dieser Liste danach auch diejenigen auf, denen Sie auf keinen Fall verzeihen wollen! Um Ihnen dabei zu helfen, habe ich mir überlegt, welche Kategorien von Kandidaten es geben könnte. Die folgende Aufzählung wird es Ihnen hoffentlich etwas leichter machen, sich zu überlegen, wer auf diese Liste gehört.

Eltern, Stiefeltern, Familienmitglieder und Verwandte: Viele von uns hatten als Kinder das Gefühl, dass uns unsere Eltern nicht das gegeben haben, was wir wollten oder brauchten. Diane und ich bitten die Teilnehmer unserer Vorträge und Seminare häufig, durch Handzeichen zu zeigen, wer von ihnen seinen Eltern absolut vergeben hat. Sehr selten tun dies mehr als die Hälfte der Anwesenden.

In manchen Familien ist es zu emotionalem, spirituellem, körperlichem oder sexuellem Missbrauch gekommen, der Verletzungen hinterlassen hat, die scheinbar niemals heilen werden. In anderen war die häusliche Umgebung während der Kindheit durchaus liebevoll und beschützt, und dennoch fühlt man sich durch bestimmte Dinge verletzt. Selbst wenn Sie gegenwärtig der Meinung sind, dass Sie das, was Ihnen in Ihrer Kindheit widerfuhr, niemals werden vergeben können – oder wenn Sie sich nicht sicher sind, ob Sie es können –, schreiben Sie bitte trotzdem alle Namen auf, die in diese Kategorie passen könnten.

Ehegatten, geschiedene Ehegatten oder frühere Liebschaften: In unseren Seminaren auf der ganzen Welt bitten wir häufig die Teilnehmer, die geschieden wurden, die Hand zu heben. Dann bitten wir diejenigen von ihnen um Handzeichen, die ihren ehemaligen Partnern wirklich verziehen haben. Weniger als ein Viertel der Anwesenden hebt normalerweise die Hand, was bedeutet, dass drei Viertel von ihnen dem ehemaligen Partner nicht vergeben haben!

Zweifellos kann es schwierig sein, einem früheren Partner zu verzeihen. Immerhin geht es hier um Menschen, die wir einmal in unser Herz gelassen und denen wir vertraut haben. Deshalb kann der Schmerz, die Enttäuschung oder das Gefühl, verraten worden zu sein, sehr tief gehen. Selbst wenn Sie zur Zeit der Ansicht sind, dass diesen Menschen niemals vergeben werden sollte, oder wenn Sie glauben, dass Sie es einfach nicht tun können, fügen Sie die Namen wenigstens der Liste hinzu.

Autoritäten: Viele von uns wurden von Menschen, von denen wir meinten, dass wir ihnen vertrauen könnten, im Stich gelassen, verletzt, hintergangen, enttäuscht, angelogen oder sogar missbraucht. Zu dieser Kategorie gehören Lehrer, religiöse Führer, Pflegeeltern, Ärzte, Sozialarbeiter, Beamte, Politiker, Regierungsmitglieder, Hersteller, Verkäufer und Handwerker. Wir brauchen nur an den Zweiten Weltkrieg und den Holocaust zu denken, um zu sehen, dass politische Führer für unglaubliche Verbrechen gegen die Menschlichkeit verantwortlich sein können. Es kommt aber auch vor, dass

Profis, die wir dafür bezahlen, dass sie uns helfen, uns in Schwierigkeiten bringen oder uns sogar ernsthaft verletzen. Es scheint, als könnten wir diesen Menschen unter keinen Umständen verzeihen, weil wir davon ausgehen, dass sie dem Gemeinwohl dienen sollten. Fügen Sie auch diese Namen Ihrer Liste hinzu, selbst wenn Sie sich vollkommen sicher sind, dass man ihnen niemals vergeben sollte.

Ihr Körper: Sind Sie rundum zufrieden mit Ihrem Körper? Oder sind Sie unglücklich darüber, wie er aussieht oder sich anfühlt? Leiden Sie unter einer körperlichen Beeinträchtigung, die genetisch bedingt ist oder durch eine Krankheit oder einen Unfall verursacht wurde? Leiden Sie unter einer schweren Erkrankung? Sind Sie mit etwas unzufrieden, weil es Sie daran hindert, Dinge zu tun, die Sie gerne tun würden? Oder sind Sie wütend, weil Ihr Körper altert und Sie nichts tun können, um das Altern aufzuhalten? Wenn irgendetwas davon auf Sie zutrifft, beschreiben Sie es kurz, und fügen Sie es Ihrer Liste hinzu.

Gedanken, Gefühle oder Verhaltensweisen aus Vergangenheit und Gegenwart: Viele von uns gehen mit sich selbst hart ins Gericht. So mag es als schwierig erscheinen, ein bestimmtes Verhalten zu akzeptieren, das wir ständig wiederholen, obwohl wir uns wirklich bemühen, es zu ändern. Vielleicht haben wir in der Vergangenheit Dinge getan, die andere verletzt oder ihnen Schmerz bereitet haben. Es ist möglich, dass wir das Gefühl haben, es gelänge uns trotz all der Zeit und Energie, die wir dafür aufwenden, einfach nicht, eine bessere Beziehung zu einer Freundin oder einem Familienmitglied aufzubauen. Vielleicht glauben wir auch, dass wir im Beruf keinen Schritt vorwärts machen oder einem bestimmten Ziel einfach nicht näher kommen. Oder wir haben das Gefühl, dass wir anderen Menschen gegenüber nicht so kritisch und eher bereit sein sollten, ihnen großzügig zu verzeihen. Ganz gleich, was es auch ist, beschreiben Sie es kurz, und fügen Sie es Ihrer Liste hinzu.

Höhere Gewalt, Schicksal, Glück, Gottes Wille, die Sterne oder das Leben überhaupt: Manchmal scheint es, als hätte sich alles gegen uns verschworen. Oft hören wir Sätze wie diese: »Ich habe nie Glück!«, »Muss wohl Schicksal sein!«, »Wenn es wirklich einen Gott gibt, wie kann er das nur zulassen?«, »Daran ist mein Sternzeichen schuld!« Natürlich gibt es Momente, in denen wir auf die Mächte wütend sind, die größer zu sein scheinen als wir oder auf die wir scheinbar keinen Einfluss haben. Schreiben Sie jetzt auf, was davon auf Sie zutrifft.

Unfälle, Kriminalität: Es gibt Zeiten, da scheint das Leben voller Probleme und Gefahren zu sein, an denen wir überhaupt keine Schuld tragen. Es mag sich um einen Unfall handeln, die Beleidigung durch einen völlig Fremden oder um einen Einbrecher, der ein wertvolles Stück entwendet oder etwas, an dem wir sehr hängen. All das scheint womöglich unverzeihlich zu sein. Fügen Sie es Ihrer Liste hinzu.

Gedanken beim Erstellen dieser Liste

Beim Erstellen dieser Liste wird Ihnen wahrscheinlich eine ganze Reihe von Gedanken und Fragen durch den Kopf gehen. Hier einige mögliche Beispiele:

- Ich habe Angst, diesem Menschen zu verzeihen. Wenn ich es tue, billige ich damit nicht, was er getan hat? Wird er dann nicht denken, dass ich ihm Recht gebe?

- Ich habe das Gefühl, als sei mein Herz aufgrund der erlittenen Verletzung wie von Stacheldraht umgeben oder völlig versteinert. Ich kann das Gefühl, das ich habe, wenn ich an diesen Menschen denke, niemals ändern.

- Ich schwanke ständig zwischen zwei Polen hin und her: Einerseits möchte ich mich für die Verletzung rächen, andererseits möchte ich das alles vergessen.

- Was ich getan habe, kann ich mir niemals verzeihen. Ich habe es verdient, nie wieder glücklich zu sein.

- Ich möchte diese hässlichen Gefühle, die ich dem anderen gegenüber habe, so gerne aufgeben, aber ich habe Angst, dass ich dann wieder verletzt werde.

- Ich bin mir ziemlich sicher, dass es mir viel besser gehen würde, wenn ich diesen alten Groll losließe, aber ich habe nicht die geringste Ahnung, wie ich das tun soll.

Es ist ganz natürlich, dass Gedanken und Fragen wie diese auftauchen, wenn wir uns hinsetzen und Menschen und Situationen aufschreiben, denen wir vergeben könnten. Es gibt nun einmal keine einfachen Lösungen. Aber ich habe dieses Buch in der Hoffnung und Überzeugung geschrieben, dass es Ihnen helfen wird, sich näher mit dem Wesen der Vergebung zu beschäftigen. Schließlich geht es um die Vor- und Nachteile, die das Aufgeben alten Grolls mit sich bringt. Wie Sie schon bald entdecken werden, wird Ihnen die Liste helfen, sich darauf zu konzentrieren, wie es sich auf Ihr Leben auswirkt, wenn Sie beginnen zu verzeihen.

Aus tiefstem Herzen zu verzeihen bedeutet,
das Licht Gottes in jedem Menschen zu sehen –
*ganz gleich, wie er sich verhält.**

Das Fundament der glücklichsten Ehen
ist es zu verzeihen.

Eins

Warum wir nicht glücklich sind

*Warum ist es für uns so schwierig zu erkennen,
dass unsere Suche nach dem Goldschatz am
Ende des Regenbogens die Tatsache verschleiert,
dass wir selbst sowohl der Regenbogen
als auch das Gold sind?*

Stellen Sie sich einen Augenblick lang vor, unser natürlicher Zustand bestünde darin, glücklich zu sein. Im *Zentrum für die Heilung von inneren Einstellungen,* in dem das Verzeihen ein so wichtiger Bestandteil unserer Arbeit ist, sagen wir, dass die Essenz unseres Wesens Liebe ist.* Wir lernen dort, das Leben unter dem Gesichtspunkt zu betrachten, dass wir spirituelle Wesen sind, die sich vorübergehend in einem Körper befinden. Wenn wir unser Leben auf diese Weise betrachten, können wir auch erkennen, dass Liebe und Glück untrennbar miteinander verbunden sind. Umfassendes Verzeihen zeigt uns, dass es möglich ist, sich ungeachtet aller Lebensumstände für Liebe statt Angst und für Frieden statt Konflikt zu entscheiden.

Bevor ich dieses Thema vertiefe, möchte ich kurz untersuchen, warum wir Menschen überhaupt unglücklich sein können. Eine neue Sicht der Welt wird nämlich nur dann möglich, wenn wir die Wurzeln unseres Unglücks erkennen. Wir wollen diese Untersuchung mit dem Teil von uns beginnen, der glaubt, dass unser Glück von äußeren Dingen abhängt.

Die moderne Gesellschaft, in der wir leben, macht uns allzu leicht glauben, dass Geld und die Anhäufung materieller Besitztümer glücklich machen. Das Problem ist nur, dass wir um so mehr wollen, je mehr wir schon haben. Ganz gleich wie viel wir bekommen, es scheint einfach nie genug zu sein. Wenn wir unser Leben durch diese Sichtweise bestimmen lassen, sind wir auch schon bald davon überzeugt, dass wir irgendwann einmal etwas finden werden, das uns dauerhaft glücklich macht. Die Tatsache, dass unsere Suche häufig damit endet, dass wir enttäuscht, wütend, unglücklich oder sogar verzweifelt sind, ist ein Hinweis darauf, dass diese Überzeugung falsch ist.

Warum also ist es für uns so schwierig, zu erkennen, dass unsere Suche nach dem Goldschatz am Ende des Regenbogens die Tatsache verschleiert, dass wir selbst sowohl der Regenbogen als auch das Gold sind?

Es gibt in unserer Welt viele Versuchungen und Umstände, denen wir die Schuld an unserem Unglück oder am Mangel an Geld und Besitz geben können. Wenn wir uns umschauen, sehen wir überall Menschen, die mehr zu haben scheinen als wir und die scheinbar glücklicher sind. Dann wenden wir uns anderen Menschen zu und versuchen, das Loch in unserer Seele durch eine neue Beziehung zu stopfen. Es scheint ein großer Schritt zu sein, die Lösung in anderen Menschen statt in materiellen Dingen zu suchen, aber auch hier ist jener Teil von uns am Werk, der früher sagte, dass die Lösung in materiellen Dingen zu finden ist, und der uns nun weismachen will, dass wir andere Menschen für unser Glück verantwortlich machen sollten. Ach, wenn es uns nur gelänge, den richtigen Menschen zu finden, dann wäre unser Leben erfüllt!

Aber schon bald finden wir uns in einem psychischen Laufrad wieder, auf dem wir endlos im Kreis herumlaufen und unglücklich und enttäuscht sind, wenn weder Geld und Besitz noch unsere Beziehungen uns glücklich machen. Sicher gibt es schöne Momente, doch sie scheinen so flüchtig zu sein. Wieder fühlen wir uns gefangen. Aber was, so fragen wir uns, ist die Alternative?

Welcher Teil von uns ist dafür verantwortlich, dass wir immer wieder im Außen suchen? Gibt es einen Namen dafür? Es ist der Teil, der glaubt, dass unsere Identität auf unseren Körper und unsere Persönlichkeit beschränkt ist, und der nur Verachtung für die Vorstellung hat, dass wir in Wirklichkeit spirituelle Wesen sind, die eine Zeit lang in diesen Körpern leben.

Ich verwende gern den Begriff »Ego«, um jenen Teil unseres Selbst zu beschreiben, der sich so sehr mit Äußerlichkeiten befasst. Das Ego versucht seine Anwesenheit zu rechtfertigen, indem es uns weismacht, dass es nur unser Bestes will, dass unser Körper es braucht, weil er sonst aus Versehen vor einen Lastwagen laufen oder vergessen könnte, etwas zu essen. Es will uns vor den vielen Gefahren der Welt schützen. Unser Ego will uns einreden, dass diejenigen, die glauben, dass man Glück nicht kaufen kann, einfach nur noch nicht das richtige Geschäft gefunden haben.

Immer und immer wieder übermittelt uns das Ego die Botschaft, dass wir in einer ungerechten Welt leben und zwangsläufig zu Opfern werden, wenn wir nicht ständig auf der Hut sind. Unser Ego ist glücklich, wenn es uns davon überzeugt hat, dass wir tatsächlich Opfer sind, weil wir ihm dann die Macht über unser Leben aushändigen. Das letzte, was das Ego möchte, ist, dass wir daran glauben, dass wir die Wahl haben, dass wir uns entscheiden können, keine Opfer zu sein, dass wir tatsächlich die Liebe der Angst vorziehen können, dass wir uns dafür entscheiden können zu vergeben, statt uns an unsere Verbitterung, unseren Groll und unser ständiges Urteilen zu klammern.

Es ist leicht, zu erkennen, dass das Ego Glück, Liebe und inneren Frieden als seine Feinde betrachtet, denn wenn wir uns in einem dieser Zustände befinden, erfahren wir unser spirituelles Wesen. Dann sehen wir eine Welt, die ganz anders ist als die, die uns das Ego vorgaukelt. Vergebung ist einfach, wenn wir die Welt durch die Augen der Liebe betrachten. Dann wird offensichtlich, dass die Antworten, nach denen wir unser ganzes Leben lang gesucht haben, in uns liegen und nicht im Glauben des Ego an die Außenwelt.

Wenn das Ego nicht mehr weiter weiß, versucht es uns einzureden, dass es unmöglich ist, lange glücklich zu sein, und dass wir deshalb stets bereit sein sollten, uns wieder der materiellen Realität zuzuwenden, um dort wahres und dauerhaftes Glück zu finden. Denn irgendwann wird das Glück zerbrechen. Irgendwann wird etwas schief gehen. Irgendjemand oder irgendetwas wird sich zwischen uns und unser Glück stellen. Dann wäre es angebracht, nach dem Schuldigen zu suchen. Das Ego rät uns also, Nörgler und Besserwisser zu werden und dafür zu sorgen, dass wir immer Recht haben und der andere immer Unrecht.

Letzten Endes wird unser Glück oder Unglück immer dadurch bestimmt, in welchem Ausmaß wir dem Rat des Ego folgen. Denken Sie darüber nach, was passiert, wenn Sie über andere Menschen urteilen, wenn Sie Ihren Groll pflegen oder sich an Schuldzuweisungen oder Schuldgefühle klammern. Diese Gefühle verhindern nämlich, dass wir Liebe, Frieden und

Glück wahrnehmen können. Unser Unglück wird noch verstärkt, und wir werden zu nörgelnden Besserwissern, die immer auf der Suche nach Menschen oder Situationen sind, denen wir die Schuld an unserem Unglück geben können.

Vergebung ist ein Prozess, der verwandelt. In der Spanne zwischen zwei Herzschlägen können wir die von äußeren Einflüssen bestimmte Sicht aufgeben, dass wir das Glück außerhalb unserer selbst finden werden. Durch eine einfache Änderung unserer Einstellung können wir uns von der Überzeugung des Ego befreien, dass wir Opfer sind und immer auf der Hut sein müssen, um in Sicherheit zu sein. Durch eine simple Veränderung unserer Sichtweise können wir aufhören, anderen Menschen oder Dingen die Schuld an unserem Unglück zuzuweisen. Stattdessen können wir unser wahres spirituelles Wesen akzeptieren und augenblicklich erfahren, dass dieses schon immer die Quelle von Liebe, Frieden und Glück war. Diese Quelle ist niemals weiter als einen Herzschlag entfernt, und sie wird uns geschenkt, sobald wir darum bitten.

Verzeihen und Vergebung können von jedem

Menschen in jedem Alter gelernt werden, ganz gleich, woran er zur Zeit auch glauben mag, ganz gleich, was er in der Vergangenheit erlebt hat, und ganz gleich, wie er andere Menschen bisher behandelt hat.

Ein Vorbild für das Verzeihen

Vor einigen Jahren lernten meine Frau Diana und ich eine bemerkenswerte Frau namens Andrea de Nottbeck kennen. Unsere Bekanntschaft begann mit einem ungewöhnlichen Anruf aus der Schweiz, in dem uns mitgeteilt wurde, dass eine dort lebende Frau uns ein Gemälde schenken wollte. Diese Frau war damals 93 Jahre alt und erfreute sich bester Gesundheit. Sie hatte bereits den größten Teil ihres Vermögens gemeinnützigen Organisationen vermacht, wollte vor ihrem Tod aber noch ein Stück ihres Besitzes verschenken – ein Gemälde von Jesus Christus aus dem 13. Jahrhundert.

Da Andrea sich nicht sicher war, wer das Gemälde nach ihrem Tod bekommen sollte, war sie in die Berge gegangen, um darüber zu meditieren. Schon nach wenigen Augenblicken hatte sie die Botschaft bekommen: »Lieben heißt die Angst verlieren.« Also beschloss sie, das Gemälde solle an Jerry Jampolsky gehen, den Autor des gleichnamigen Buches, in dem beschrieben wird, wie wir uns selbst daran hindern zu lieben. Sie bat ihre Freundin, mich in den Vereinigten Staaten anzurufen.

Wir erfuhren, dass aus Andrea nach dem Tod ihres Mannes vor einigen Jahren eine verbitterte, mürrische Frau geworden war, die nur schwer zu ertragen war, weil sie andere Menschen häufig provozierte und oft Streit suchte. Als sie 85 wurde, schenkte ihr eine Freundin *Lieben heißt die Angst verlieren* zum Geburtstag.

Das Buch wurde zu Andreas täglicher Lektüre. Schon bald fing sie an, allen Menschen zu verzeihen, die ihr ihrer Meinung nach wehgetan hatten. Sie verzieh sich selbst für ihre Lieblosigkeit und für ihr Verhalten anderen gegenüber, von dem sie wusste, dass es Leid verursacht hatte. Und ihr Leben verwandelte sich auf wunderbare Weise. Aus Andrea, die mürrisch und auf die ganze Welt wütend gewesen war, wurde eine Frau, die sorgloser und freudiger lebte als je zuvor. Um diese Verwandlung zu feiern, nannte sie sich fortan »Happy«.

Bevor ich Happy persönlich kennen lernte, hatte ich nicht gewusst, dass sie vor Jahren eine französische Ausgabe von *Liebe heißt die Angst verlieren* angeregt hatte.

Nachdem ich die Geschichte von Happys Verwandlung gehört hatte, beschlossen Diane und ich, sie zu besuchen, und ich wollte den Besuch mit einer Reise in den Nahen Osten verbinden, die ich bereits geplant hatte. Gleich nach unserer Ankunft lernten wir diese bemerkenswerte Frau kennen. Sie zeigte uns eine französische Zeitschrift, die ein Foto von ihr auf der Titelseite hatte, auf dem sie mit einem Gleitschirm über die Landschaft flog. Damals war sie 88 gewesen. Und als ob das nicht schon ausgereicht hätte, war sie mit 91 noch mit einem Doppeldecker Kunstfiguren geflogen.

Wir verbrachten mit Happy drei wundervolle Tage in ihrem Genfer Haus, und ich muss zugeben, dass sie ihrem neuen Namen in jeder Hinsicht gerecht wurde. Sie war einer der glücklichsten, liebevollsten und von tiefem innerem Frieden erfülltesten Menschen, denen ich je begegnet bin.

Als wir Happy fragten, was sie getan hatte, um diese positive Veränderung zu erreichen, antwortete sie: »Oh, ich habe einfach aufgehört, über alles zu urteilen.«

Nachdem wir Silvester mit ihr verbracht hatten, verließen wir sie gleich nach Neujahr. Diane nahm das Gemälde mit nach Kalifornien, während ich in den Nahen Osten weiterflog, um meine Freunde zu treffen. Drei Wochen später erhielten wir einen Telefonanruf, in dem uns mitgeteilt wurde, dass Happy, wie sie es vorhergesagt hatte, friedlich im Schlaf gestorben war.

Bis heute denke ich noch oft daran, wie sehr Happys Leben durch Vergebung verwandelt worden war. Ich bin dankbar, dass ich die Gelegenheit hatte, diese bezaubernde Frau kennen zu lernen. Sie wird für Diane und mich immer ein strahlendes Vorbild für Vergebung sein. Uns alle sollte sie daran erinnern, dass man niemals zu alt ist, um sich zu ändern.

Wunder durch Vergebung

Ich möchte zum Schluss eine Geschichte aus Yitta Halberstams und Judith Leventhals Buch »Jeder Tag ist voller Wunder« wiedergeben, die den Prozess der Vergebung besonders deutlich veranschaulicht.

Ein junger Mann namens Joey verließ mit 19 sein Elternhaus und sagte sich von seiner jüdischen Religion los. Sein Vater war äußerst wütend auf den Sohn und drohte, ihn zu verstoßen, wenn er seine Meinung nicht ändern würde.

Da Joey seine Meinung nicht änderte, brach jede Verbindung zwischen Vater und Sohn ab. Der Sohn zog durch die Welt, um sich selbst zu finden. Als er sich in eine wunderbare Frau verliebte, hatte er das Gefühl, nun habe sein Leben einen Sinn bekommen.

Ein paar Jahre waren ins Land gegangen, als Joey eines Tages in einem Café in Indien einen alten Freund aus seiner Heimatstadt traf. Nachdem die beiden einige Belanglosigkeiten ausgetauscht hatten, sagte der Freund: »Es tut mir so leid, dass dein Vater letzten Monat gestorben ist.«

Joey war wie vor den Kopf geschlagen, denn er hatte nichts vom Tod seines Vaters gewusst. Er kehrte nach Hause zurück und begann sich mit seinen jüdischen Wurzeln auseinander zu setzen. Seine Freundin und er trennten sich, denn obwohl auch sie dem jüdischen Glauben angehörte, wollte sie doch nichts damit zu tun haben.

Nach einem kurzen Aufenthalt zu Hause reiste Joey nach Jerusalem und besuchte die Klagemauer. Er beschloss, einen Brief an seinen verstorbenen Vater zu schreiben, ihn darin seiner Liebe zu versichern und um Verzeihung zu bitten.

Nachdem er den Brief geschrieben hatte, rollte er ihn zusammen und versuchte, ihn in eines der Löcher zu stopfen. Dabei fiel ein anderer Brief heraus und ihm direkt vor die Füße. Joey bückte sich, hob den Brief auf und glättete ihn neugierig. Die Handschrift kam ihm bekannt vor. Er las weiter und stellte erstaunt fest, dass der Brief von seinem Vater war. Der Brief handelte von seiner tiefen bedingungslosen Liebe zu Joey. Sein Vater hatte Gott gebeten, ihm zu vergeben, dass er seinen Sohn verstoßen hatte.

Joey war wie vom Donner gerührt. Wie konnte das möglich sein? Es war sicher mehr als ein Zufall, es war ein Wunder. So schwer es ihm auch fiel, zu glauben, was hier geschehen war, hielt er doch den Brief seines Vaters in Händen und damit den unwiderlegbaren Beweis dafür, dass dies nicht nur ein Traum war.

Joey fing an, sich ernsthaft mit der jüdischen Religion zu beschäftigen. Dann kehrte er in die Vereinigten Staaten zurück. Ein paar Jahre später lud ihn ein befreundeter Rabbiner zum Abendessen ein, und dort stand Joey plötzlich seiner ehemaligen Freundin gegenüber, die ihn vor Jahren verlassen hatte. Auch sie war zu ihren jüdischen Wurzeln zurückgekehrt.

Und natürlich heirateten die beiden kurz darauf.

Immer wieder hören wir Geschichten, in denen die schmerzhaften Wunden der Vergangenheit durch Vergebung geheilt wurden. Es ist nicht immer leicht zu akzeptieren, dass eine Änderung der Wahrnehmung, durch die das entfernt wird, was uns daran hindert, die Liebe zu erkennen, offensichtlich derartige Wunder vollbringen kann. Aber Joeys Geschichte zeigt uns, dass nicht einmal der Tod dies verhindern kann. Fast scheint es, als ob sich die

Wirklichkeit dessen, was uns einmal solches Leiden verursacht hat, verflüchtigt und durch die Liebe ersetzt wird, die immer da war – und immer und in alle Ewigkeit da sein wird.

Nicht zu vergeben heißt,
*sich für das Leiden zu entscheiden.**

*Verzeihen ist die größte Heilung, die es gibt.**

Zwei

Was heißt es zu verzeihen?

Wir werden mit Sicherheit größeren Frieden in unseren Beziehungen genießen können, wenn wir aufhören, anderen zu sagen, wie sie leben sollen, und stattdessen anfangen, selbst Liebe und Verzeihen zu praktizieren.

Aus der Sicht der Liebe und des Geistes bedeutet dies, bereit zu sein, die eigene schmerzhafte Vergangenheit loszulassen. Vergebung ist die Entscheidung, nicht länger zu leiden und Herz und Seele zu heilen. Verzeihen heißt, Hass und Wut nicht länger lohnenswert zu finden. Und es bedeutet, das Verlangen aufzugeben, anderen oder sich selbst wegen etwas längst Vergangenem wehzutun. Verzeihen zu können ist die Bereitschaft, die Augen zu öffnen und das Licht in anderen Menschen zu sehen, statt sie zu be- oder verurteilen.

Wer verzeiht, kann das Mitgefühl, die Güte, Zärtlichkeit und Fürsorge fühlen, die immer in unserem Herzen wohnen, ganz gleich, wie uns die Welt im Augenblick auch erscheinen mag. Vergebung ist die Straße zum Ort des inneren Friedens und des Glücks, der Weg zur Seele. Dieser Ort des Friedens steht uns immer offen, und wir sind dort jederzeit willkommen. Wenn wir zur Zeit das Willkommenszeichen nicht sehen, liegt das daran, dass es hinter unserem Klammern an die Wut verborgen liegt.

In uns ist ein Teil, der glaubt, dass wir den inneren Frieden, nach dem wir uns sehnen, bekommen können, indem wir Hass, Wut und Schmerz festhalten. Dieser Teil redet uns ein, dass wir uns schützen müssen und dass wir Glück und inneren Frieden finden werden, wenn wir Hass und Rachegelüste aufrechterhalten. Es gibt einen Teil in uns, der meint, wir müssten uns zurückziehen und unsere Liebe und unsere Freude unterdrücken, weil wir in der Vergangenheit verletzt wurden.

Wir können uns Vergebung als Reise über eine Brücke vorstellen, die von der Welt, in der wir unsere Wut endlos wiederkäuen, zu einem Ort des Friedens führt. Diese Reise bringt uns in unsere spirituelle Essenz und in das Herz Gottes. Sie führt uns in eine neue Welt bedingungsloser, sich unendlich ausdehnender Liebe.

Wenn wir wirklich und vorbehaltlos verzeihen, bekommen wir alles, was das Herz sich jemals wünschen könnte. Wir werden von unserer Angst, unserer Wut und unserem Schmerz erlöst, um das Einssein miteinander und mit der spirituellen Quelle zu erfahren.

Vergebung ist der Weg aus der Finsternis in das Licht. Sie ist unsere Aufgabe hier auf Erden. Durch sie können wir uns selbst als das Licht der Welt erkennen. Sie ermöglicht es uns, den Schatten der Vergangenheit zu entkommen, ganz gleich, ob dieser Schatten unser eigener oder der eines anderen ist.

Vergebung kann uns aus dem Gefängnis von Angst und Wut befreien, in das wir uns selbst gesteckt haben. Sie erlöst uns von unserem Verlangen, die Vergangenheit ändern zu wollen. Wenn wir verzeihen, werden die Wunden des alten Grolls gesäubert und geheilt. Plötzlich erfahren wir die Realität der Liebe Gottes. In dieser Realität existiert nur Liebe und sonst nichts. In dieser Realität gibt es nichts, was verziehen werden müsste.

Ein Kurs in Wundern enthält einen wunderschönen Abschnitt über Vergebung. Ich möchte ihn hier zitieren, weil er beschreibt, auf welche Weise wir profitieren werden, wenn wir verzeihen.

»VERGEBUNG BIETET ALLES, WAS ICH WILL«

»Was könntest du dir wünschen, was die Vergebung dir nicht geben kann? Möchtest du Frieden? Die Vergebung schenkt ihn dir. Möchtest du glücklich und ruhigen Geistes sein, eine Gewissheit über Sinn und Zweck und ein Gefühl für Wert und Schönheit haben, das über diese Welt hinausgeht? Möchtest du immerfort Fürsorge, Geborgenheit und die Wärme eines sicheren Schutzes? Möchtest du eine Stille, die nicht gestört, eine Sanftheit, die nie verletzt, ein tiefes, dauerhaftes Wohlbefinden und eine so vollkommene Ruhe, dass sie niemals erschüttert werden kann?

All das und mehr schenkt die Vergebung dir. Beim Erwachen funkelt sie in deinen Augen und schenkt dir Freude, mit welcher du dem Tag begegnen kannst. Sie glättet deine Stirne, wenn du schläfst, und ruht auf deinen Augenlidern, damit du keine Träume des Bösen und der Angst, der Arglist und des Angriffs hast. Und wenn du wieder aufwachst, schenkt sie dir aufs Neue einen Tag des Glücks und

Friedens. All dies und mehr schenkt die Vergebung dir.«

(aus *Ein Kurs in Wundern,* Lektion 122, Absätze 1 und 2)

*Verzeihen heißt, alle Hoffnung auf eine bessere Vergangenheit fahren zu lassen.**

Die Macht von Liebe und Vergebung
*kann Wunder vollbringen.**

*Das wichtigste Wort für alle, die lernen möchten zu vergeben, ist die Bereitschaft zu vergeben.**

Drei

Warum der Verstand nicht verzeihen will

Die meisten von uns würden keine Medikamente nehmen, von denen bekannt ist, dass sie schwerwiegende Nebenwirkungen haben. Aber in Bezug auf die Gedanken, die wir denken, sind wir meistens nicht so wählerisch. Und nur selten sind wir uns darüber im Klaren, wie sehr bestimmte Gedanken unseren Körper vergiften.

In Kapitel 1 habe ich den Teil von uns beschrieben, der uns ausschließlich als Körper und Persönlichkeit sieht. Dieser Teil redet uns ein, dass wir das Glück in der Außenwelt finden werden, indem wir Dinge anhäufen. Er will uns aber auch weismachen, dass unser Leben vollkommen wäre, wenn wir nur die richtige Beziehung finden würden. Und dieser Teil glaubt daran, dass das einzig Vernünftige, was wir tun können, wenn etwas schief geht, darin besteht, irgendjemanden oder irgendetwas zu finden, dem wir die Schuld daran geben können. Ich nannte diesen Teil von uns »das Ego«.

Es ist nützlich, sich vorzustellen, dass das Ego ein eigenes Glaubenssystem hat. Wir können uns entscheiden, ob wir seinen Glauben übernehmen oder die Welt auf andere Weise wahrnehmen wollen. Natürlich sollten wir immer daran denken, dass das Ego ein Teil von uns ist. Je ausgeprägter unsere Fähigkeit ist, das ängstliche Ego zu erkennen, desto freier werden wir, uns für ein liebevolleres und friedlicheres Leben zu entscheiden.

Die Denkmuster des Ego basieren auf Angst, Schuldgefühlen und Schuldzuweisungen. Würden wir immer seinen Ansichten folgen, befänden wir uns ständig in einem Zustand des Konflikts, und aller Frieden und alles Glück, die wir haben könnten, würden uns völlig entgehen.

Wenn wir wissen, dass das Ego auf diese Weise funktioniert, sollte es uns nicht weiter überraschen, dass es auch nicht an Vergebung glaubt. Es wird sogar alles in seiner Macht Stehende tun, um uns davon zu überzeugen, dass es niemand auf der ganzen Welt verdient hat, dass wir ihm verzeihen. Das Ego geht sogar noch einen Schritt weiter und behauptet, dass auch wir selbst keine Vergebung verdient haben! Es klammert sich verzweifelt an die Überzeugung, dass Menschen Dinge tun, die man ihnen niemals verzeihen darf.

Das Ego glaubt auf der anderen Seite daran, dass man sich ständig verteidigen muss. Es teilt uns dies durch Gefühle mit, die wir leicht erkennen können. So wird das Ego versuchen, uns davon zu überzeugen, es gäbe nur eine einzige Möglichkeit, uns vor möglichen Gefahren zu beschützen: indem wir andere Menschen mit unserer Wut und unserem Hass bestrafen und uns von ihnen zurückziehen, damit es ihnen wegen ihrer Taten schlecht geht.

Das Ego zeigt sich in dem Gefühl, dass wir ja dumm, blöde oder schlicht verrückt sein müssten, wenn wir dem Menschen verzeihen würden, dessen Handlungen uns auf irgendeine Weise verletzt oder bedroht haben. Und als ob das nicht schon reichen würde, erinnert uns das Ego immer wieder daran, dass es Menschen gibt, die nur allzu bereit sind, uns aufzuhetzen und uns davon zu überzeugen, dass Soundso uns wehgetan und deshalb unsere Wut verdient hat, aber nicht, dass wir ihm verzeihen.

Natürlich ist das Ego sehr schlau und weiß, wie es geeignete Zeugen findet, die seine Ansichten unterstützen. Und Sie können getrost davon ausgehen, dass es genau weiß, wo es die Leute findet, die total konform mit ihm gehen. Die Freunde, die ich mir heute aussuche, wo ich mich auf dem spirituellen Pfad befinde, unterscheiden sich ziemlich von denen, die ich hatte, als ich vor Jahren alkoholsüchtig war.

Das Ego ist voller Widersprüche. So muss es uns beispielsweise die Tatsache verheimlichen, dass wir uns nur selbst schaden, wenn wir uns an unserer Wut festklammern, um andere zu bestrafen. Es muss vor uns auch verbergen, dass durch unsere Unfähigkeit zu verzeihen ein Loch in unser Herz gerissen wird. Dadurch entsteht nicht nur ein Gefühl der Trauer und des Verlusts; wir werden auch davon abgehalten, inneren Frieden und Liebe zu erfahren. Dieses Loch trennt uns voneinander und unterbricht die spirituelle Verbindung zueinander.

Wenn Sie an Gott glauben, wird das Ego Ihnen wahrscheinlich einreden, dass Ihr Gott ein zorniger Richter ist. Es wird Ihnen vermutlich weismachen, dass Gott bereit ist, Ihnen den

Himmel auf den Kopf fallen zu lassen, um Sie für Ihre Missetaten und »bösen« Gedanken zu bestrafen. Das Ego erzählt Ihnen vielleicht, dass Sie Gott nicht vertrauen und sich bei Ihm nicht sicher fühlen können.

Das Ego versucht uns häufig auch davon zu überzeugen, dass die bedingungslose Liebe Gottes nur eine ausgemachte Illusion ist und dass wir uns selbst belügen, wenn wir an diese lächerliche Idee glauben.

Das Ego will uns weismachen, dass Gott wahrlich rachsüchtig und immer bereit ist, Menschen ohne Warnung umzubringen; Naturkatastrophen wie Erdbeben und Wirbelstürme, bei denen viele Menschen Hab und Gut oder gar ihr Leben verlieren, auf uns loszulassen. Das Ego möchte uns sogar glauben machen, dass Er die Menschen auf diese Weise für ihre Missetaten und »bösen« Gedanken bestraft.

Das Ego, das nicht bereit ist zu verzeihen, verfügt über ein gewaltiges Arsenal an Angst, Not, Schmerz, Leid, Verzweiflung, Entmutigung und Zweifel. Es sieht Fehler als Sünden an, die niemals vergeben werden sollten.

Mögliche giftige Nebenwirkungen unserer Gedanken

Ärzte versuchen sich darüber klar zu sein, welche Nebenwirkungen die von ihnen verschriebenen Medikamente möglicherweise haben könnten. Und in der heutigen Zeit, in der die meisten von uns als Patienten sich mehr für ihre eigene Gesundheit verantwortlich fühlen, bemühen sich viele um diese Informationen. Wenn wir uns wirklich von der Last unseres alten Grolls befreien wollen, sollten wir die Gedanken, die wir in unseren Kopf hereinlassen, genauso sorgfältig anschauen wie die Medikamente, die wir in unseren Körper hereinlassen. Die Unfähigkeit zu verzeihen kann nämlich ernste Nebenwirkungen haben und sich sehr negativ auf unser Wohlbefinden auswirken.

Schauen Sie sich die folgende Liste einmal an. Ich habe hier nur einige der körperlichen Beschwerden aufgeführt, die mit der Unfähigkeit zu verzeihen in Verbindung stehen:

- Kopfschmerzen
- Rückenschmerzen

Um glücklich zu sein, muss ich nur aufhören,
*alles und alle zu beurteilen.**

- Nackenschmerzen
- Sodbrennen und Magengeschwüre
- Depressionen
- Energiemangel
- Beklemmungen
- Reizbarkeit
- Anspannung und Nervosität
- Schlaflosigkeit und Unruhe
- allgemeine Angstgefühle
- Niedergeschlagenheit, Unzufriedenheit

Nur wenige von uns würden Medikamente nehmen, von denen sie wissen, dass sie ihnen schaden werden. Aber in Bezug auf die Gedanken, die wir denken, sind wir bei weitem nicht so wählerisch. Was können wir tun? Was ist das Gegenmittel? Welches ist die wirksamste Medizin, um die Denkmuster zu heilen, die diese lange Liste von Symptomen hervorrufen? Dieses Gegenmittel ist das Verzeihen – ein äußerst machtvoller, erstaunlicher und wunderbarer Heiler, der die Fähigkeit besitzt, all diese Symptome verschwinden zu lassen.

*Der Verstand, der nicht verzeihen will, verheimlicht uns die Tatsache, dass wir uns selbst einsperren, wenn wir uns an Wut und Hass festhalten.**

Anderen zu vergeben ist der erste Schritt,
*sich selbst zu vergeben.**

Wenn wir verzeihen, wird unser Immunsystem gestärkt.

Vier

Die 20 wichtigsten Gründe, weshalb wir nicht verzeihen wollen

*Wir haben immer die Wahl: Wir können auf die Stimme der Liebe hören oder auf die Stimme des Ego.**

Es ist nicht leicht, zu verzeihen, wenn wir auf die Stimme des Ego hören, die uns einredet, dass wir genau das Richtige tun, wenn wir diejenigen bestrafen, die uns wehgetan haben, und ihnen unsere Liebe entziehen. Verzeihen ist deshalb schwierig, weil wir starrsinnige Ego haben, die immer wieder versuchen, uns davon zu überzeugen, dass es besser und sicherer ist zu hassen, als zu lieben.

Es ist wichtig, dass wir nicht auf das Ego hören, aber es ist gleichermaßen wichtig, dass wir das Ego nicht als Feind betrachten. Und es ist ebenso wichtig, zu erkennen, dass das Ego uns in die Irre führt. Es liegt uns ständig in den Ohren und redet uns ein, dass es einfach verrückt ist, Liebe zu zeigen, weil es sich an ein

Glaubenssystem klammert, in dem Angst, Konflikt, Gleichgültigkeit und Unzufriedenheit absoluten Vorrang haben.

Ich sehe das anders. Vielleicht sind wir ja dann verrückt, wenn wir uns *nicht* gestatten, unsere Liebe zu fühlen und sie auszudrücken.

Wenn wir uns angewöhnen, auf die Stimme des Ego zu hören – was wir besonders häufig in schwierigen Zeiten tun, in denen die Dinge nicht so laufen, wie wir es gerne hätten –, werden wir im Kopf immer häufiger die stummen Botschaften hören oder spüren, die uns auffordern nicht zu verzeihen.

Wir haben immer die Wahl: Wir können auf die Stimme der Liebe hören oder auf die Stimme des Ego.* Aber woher wissen wir, wann das Ego redet? Die Ratschläge des Ego beruhen immer auf Angst und stürzen uns in einen Zustand des Konflikts, nicht des Friedens. Wenn wir auf die Stimme des Ego hören, die nicht verzeihen will, lernen wir unzählige Gründe kennen, warum wir nicht vergeben sollen – wobei natürlich immer die Tatsache verheimlicht wird, dass wir es sind, die leiden und das Gefühl des inneren Friedens verlieren, wenn wir nicht verzeihen.*

Hier sind 20 Beispiele für die Logik des Ego.

1. Dieser Mensch hat dir wirklich wehgetan. Er hat deine Wut, deinen Liebesentzug und jede andere Bestrafung verdient.

2. Sei kein Narr! Wenn du verzeihst, wird der andere dir noch einmal das Gleiche antun.

3. Wer vergibt, ist schwach.

4. Wenn du dem anderen vergibst, heißt das, dass er Recht hat und du Unrecht.

5. Nur ein Mensch mit geringem Selbstwertgefühl würde dem anderen jemals verzeihen.

6. Wenn du nicht vergibst, kannst du den anderen kontrollieren. Und Kontrolle ist das beste Mittel, um deine Sicherheit zu gewährleisten.

7. Die beste Möglichkeit, Abstand zu halten, besteht darin, demjenigen, der dich verletzt hat, nicht zu verzeihen.

8. Weigere dich zu vergeben, weil du dich dann gut fühlen wirst und dich rächen kannst.
9. Wenn du dich weigerst zu verzeihen, hast du Macht über denjenigen, der dir wehgetan hat.
10. Es ist einfach dumm, Menschen zu vergeben, die dich verletzt haben.
11. Wenn du verzeihst, verlierst du das Gefühl der Sicherheit.
12. Wenn du jemandem vergibst, wird derjenige denken, du bist mit dem einverstanden, was er getan oder nicht getan hat.
13. Verzeihen bedeutet nichts weiter als schlechtes Benehmen gutheißen.
14. Wenn es sich nicht mehr vermeiden lässt, solltest du dem anderen verzeihen – aber nur wenn er sich tausendmal entschuldigt, und dann auch nur halbherzig.

15. Wenn du vergibst, wird Gott dich bestrafen.

16. Mal ehrlich, es ist doch sowieso immer die Schuld des anderen. Warum solltest du dann verzeihen?

17. Glaube niemandem, der versucht, dir einzureden, dass du in anderen immer das schrecklich findest, was du dir in dir selbst nicht anschauen möchtest.

18. Falle nicht auf die Idee herein, dass du einem anderen nur deshalb nicht verzeihen kannst, weil du selbst etwas getan hast, das für dich unverzeihlich ist.

19. Wenn du diese furchtbare Tat vergibst, bist du nicht besser als derjenige, der sie begangen hat.

20. Du weißt, dass dir diese ganze Vergebungskiste wirklich über den Kopf wächst, wenn du anfängst zu glauben, dass es einen Gott oder eine Höhere Macht gibt, die dich beschützt und auf dich aufpasst.

Über den Umgang mit den Botschaften des Ego

Lassen Sie sich Zeit, um sich mit dieser Liste der Behauptungen des Ego vertraut zu machen. Schon bald werden Sie es erkennen können, wenn eine oder mehrere Ihnen in den Sinn kommen. Dann wird Ihnen auch klar werden, dass Sie die Wahl haben, ob Sie auf die Stimme des Ego hören wollen oder auf die Stimme der Liebe, die Stimme der Vergebung. In den folgenden Kapiteln werde ich Möglichkeiten schildern, wie Sie diese Stimme besser wahrnehmen können.

*Zu verzeihen erlöst uns von der schmerzhaften Vergangenheit.**

Entweder Sie vergeben ganz,
*oder Sie vergeben überhaupt nicht.**

*Um zu verzeihen, sollten Sie bereit sein, all Ihre Wut und Ihre Qual Gott zu übergeben.**

Fünf

Wie wir beseitigen können, was uns daran hindert zu verzeihen

*Wir können uns entscheiden, welche Gedanken wir denken wollen.**

Jedes Mal, wenn wir die Zeitung lesen oder uns die Fernsehnachrichten anschauen, erfahren wir alles über die schockierenden Dinge, die in der Welt – manchmal sogar in unserer Nachbarschaft – passieren. Da fällt es leicht, daran zu glauben, dass manche dieser Dinge einfach unverzeihlich sind. Viele von uns glauben sogar daran, dass sie selbst etwas getan oder gesagt haben, was unverzeihlich ist. Aber wir können etwas aus diesen Situationen lernen, nämlich dass wir den Teufelskreis von Zerstörung und Leid auf unserem Planeten nur durch Vergebung beenden können.

Wie können wir unser Glaubenssystem ändern?

Wenn wir wirklich herausfinden wollen, welchen Wert Vergebung hat – Vergebung für alle, uns selbst eingeschlossen –, müssen wir unser Glaubenssystem ändern. Wir können damit anfangen, indem wir den Glauben aufgeben, dass wir immer jemandem die Schuld geben müssen, wenn etwas schief geht. Wir können eine neue Überzeugung in unser Herz lassen, die es uns ermöglicht zu erkennen, wie wichtig es ist, sich der Liebe hinzugeben und damit aufzuhören, andere und sich selbst zu verdammen.*

Das können wir beispielsweise tun, indem wir unsere Vorstellung von dem, wer oder was wir sind, ändern. Das Ego identifiziert uns völlig mit dem Körper, statt uns als spirituelle Wesen zu sehen, die eine Zeit lang in diesen Körpern leben. Wenn wir bereit sind, uns selbst und alle anderen Menschen als unvergängliche spirituelle Wesen zu sehen statt einfach nur als Körper, wird es uns viel leichter fallen, den wahren Wert des Verzeihens zu erkennen.

Wenn ich rückblickend auf mein eigenes

Leben schaue, fällt mir auf, dass mir der innere Friede deshalb entglitten war, weil ich nicht bereit war zu erkennen, wie wichtig es ist, mir selbst und anderen zu verzeihen. Ich war in Bezug auf die Dinge aus meiner Vergangenheit in einem Strudel aus Scham, Schuld, Verleugnung und Wut gefangen. Viele Jahre lang sah ich mich selbst als Opfer und gab der Welt und allen ihren Bewohnern die Schuld an meinem Unglück.

Mein spiritueller Weg begann 1975, als ich zum ersten Mal das Buch *Ein Kurs in Wundern* kennen lernte. Durch dieses Werk begann sich meine Sicht von mir selbst und der Welt auf bemerkenswerte Weise zu verändern. Noch heute lerne ich aus dem Kurs und verlerne bestimmte Denkmuster aus der Vergangenheit.

Ich bin überzeugt, dass wir den wahren Wert von Vergebung und der Liebe zu uns selbst und anderen erkennen müssen, bevor wir wahrhaft glücklich sein werden und in Frieden leben können. Glück und Frieden stellen sich nämlich ein, wenn wir aufhören, immer nach Schuldigen zu suchen, wenn etwas in unserem Leben schief geht. Schuldzuweisung kann uns das ersehnte Glück ebenso wenig bringen wie Rache oder Bestrafung. Nur Vergebung kann uns das geben, wonach wir uns sehnen. Daher müssen wir aufhören, Wut, Pein, Bitterkeit und Schmerz aus den inneren und äußeren Kriegen immer wieder aufs Neue zu beleben.

Wenn wir alle Verantwortung dafür übernehmen, die von uns selbst errichteten Schranken abzubauen, die uns daran hindern, uns selbst und anderen zu verzeihen, werden wir geheilt werden und friedlich und in Freuden leben können.

Veränderung findet statt, indem wir ein Hindernis nach dem anderen überwinden

Angst, Scham und Schuld überwinden: Das erste Hindernis, das wir überwinden müssen, ist die fehlende Bereitschaft, unser Glaubenssystem zu ändern. Das wahrscheinlich größte Hindernis, das der Vergebung im Weg steht, ist ein Glaubenssystem, das auf Angst statt auf Liebe beruht.* Dieses Hindernis fängt an zu verschwinden, wenn wir unsere Bereitschaft bekräftigen, andere entweder als liebevoll anzusehen oder als ängstliche Menschen, die einen Hilferuf nach Liebe aussenden. Das bedeutet, dass wir das Verhalten anderer Menschen nicht länger beurteilen, um herauszufinden, ob sie schuldig oder unschuldig sind. Es heißt auch, dass wir andere Menschen nicht als Angreifer sehen, sondern entweder als liebevoll oder als ängstlich und um Hilfe bittend.

Ich muss zugeben, dass ich während meiner Jugend das Leben sicherlich nicht auf diese Weise betrachtet habe. Wie die meisten Menschen, so wuchs auch ich in Bezug auf das Verzeihen mit wenigen – oder gar keinen – Vorbildern auf. Plötzlich war ich erwachsen und hatte keine Ahnung, was es mir bieten kann oder wie wichtig es ist. Natürlich hatte ich in meiner Jugend von Vergebung gehört, aber nur als abstrakte religiöse Idee. Ich hatte keine Ahnung, was das mit mir zu tun haben sollte. Soweit ich mich erinnern kann, brachte mir nie jemand bei, auf welche Weise ich es in meinen Alltag integrieren könnte, mir und anderen zu verzeihen.

Mit Mitte zwanzig war ich Experte darin geworden, mich selbst und andere anzugreifen und herabzusetzen. Ich suchte und fand viele

Menschen, die nur zu bereit waren, mich in diesem Verhalten zu unterstützen. Damals lief mein Ego auf Automatik. Es wurde immer dann angeschaltet, wenn ich mich angegriffen fühlte. Und sobald es an war, gnade Gott denjenigen, die in seine Schusslinie kamen. In Sekundenschnelle war ich im Angriffs-und-Verteidigungs-Mechanismus.

Ich glaube, dass das Erzählen unserer Lebensgeschichten manchmal das wirksamste Mittel ist, um anderen zu vermitteln, was wir selbst gelernt haben. Immer wenn ich an jene schwierigen Jahre zurückdenke und an das, was seitdem geschehen ist, werde ich daran erinnert, für alles offen zu sein und daran zu glauben, dass nichts – und ich meine wirklich nichts – unmöglich ist. Aus diesem Grund möchte ich Ihnen hier die Geschichte meiner Scheidung erzählen.

Sich der Liebe statt der Angst hingeben: Als meine erste Frau Pat und ich 1973 nach 20-jähriger Ehe geschieden wurden, fand ich mich in emotionalem Treibsand wieder. Ich saß wirklich tief im Dreck und schlug vor Schmerz, Scham, Wut, Schuld und Enttäuschung wild um mich. Ich dachte, ich würde niemals wieder herauskommen. Die meisten Menschen, die schon einmal eine Scheidung mitgemacht haben, werden wissen, wovon ich spreche.

Als ich durch meine Schuldgefühle, Feindseligkeit und Selbstvorwürfe am Ende war, griff ich zum Alkohol, um mir Linderung zu verschaffen. Ich wurde zum Alkoholiker und dachte andauernd an Selbstmord. In jenen schmerzhaften Jahren war ich überzeugt, dass meine Beziehung zu Pat niemals heilen würde. Ich konnte es mir nicht einmal vorstellen.

Damals war ich schon viele Jahre lang Atheist. Der Gedanke, dass ich mich einmal auf dem spirituellen Weg befinden könnte, wäre mir damals ebenso unrealistisch vorgekommen wie die Idee, dass Pat und ich jemals wieder Freunde sein könnten. 1975 wurde ich dann zum Schüler von *Ein Kurs in Wundern* und merkte, dass sich mein Glaubenssystem veränderte. Früher hatte ich mich bemüht, anderen Schuld und Scham zuzuweisen, aber jetzt fing das an unwichtig zu werden. Schon bald wurde mir klar, dass ich mich selbst und Pat ganz anders wahrnahm und dass ich bereit war, Verantwortung für alle meine Gedanken und Handlungen zu übernehmen.

Jeden Tag konzentrierte ich mich darauf, Pat in diesem neuen Licht zu sehen. Statt nach Schuldigen zu suchen, bat ich Gott nun, mir zu helfen, meiner ehemaligen Frau und mir selbst zu vergeben. Morgens wachte ich mit einem einzigen Gedanken auf: inneren Frieden zu finden, den Frieden Gottes zu meinem einzigen Ziel zu machen. Wunderbarerweise und völlig überraschend merkte ich bald, dass jede Anspannung in Bezug auf Pat und unsere Beziehung verschwand.

Pat heiratete etwa ein Jahr später und zog nach Seattle. Einige Zeit darauf wurde ich eingeladen, in der dortigen Oper einen Vortrag zu halten. Pat, ihr Vater und ihr neuer Mann kamen, um mir zuzuhören.

Am nächsten Morgen trafen wir uns zum Frühstück, und Pat sagte, sie habe alles gemocht, was ich gesagt hatte. Wie sehr sich unser Leben doch seit den Tagen unserer Ehe verändert hatte!

Als ich nach San Francisco zurückgekehrt war, erzählte ich allen: »Wisst Ihr, dieses Vergebungszeugs funktioniert wirklich!« Etwa sechs Monate später erfuhr ich, dass Pat und ihr neuer Mann nach Tiburon ziehen wollten, wo ich lebte. Meine erste Reaktion war: »Nur das nicht!« Es war leicht, Pat und mir selbst zu verzeihen, solange sie ein paar hundert Kilometer entfernt lebte. Aber was würde geschehen, wenn wir uns ab und zu beim Einkaufen begegneten?

In den folgenden Jahren wurde mir bewusst, wie wichtig es ist, Vergebung täglich zu praktizieren. Ich freue mich, sagen zu können, dass Pat und ich mittlerweile gute Freunde geworden sind. Die Feindseligkeit früherer Jahre ist verschwunden. Als Pat zum dritten Mal heiratete, bat sie mich, Fotos von der Hochzeit zu machen, und meine Frau Diane bat sie, alles auf Video aufzunehmen. Wir kamen ihrem Wunsch mit dem größten Vergnügen nach. An jenem Tag war ich wieder einmal dankbar für die wundersamen Auswirkungen des Verzeihens, das unser aller Leben so verändert hat.

Sich der eigenen Wahrnehmung und Übertragung bewusst werden: Wir Menschen haben eine bestimmte Art und Weise, unser Leben verstehen zu wollen. Dazu dient uns unser wunderbares Gedächtnis, in dem alles gespeichert ist, was uns seit unserer Geburt – und vielleicht schon davor – widerfahren ist. Haben wir in jungen Jahren Dinge erlebt, die uns verletzt oder geängstigt haben, dann erinnern wir uns später nicht nur an sie, wir ziehen diese Erfahrungen auch heran, um die Gegenwart und die Zukunft zu beurteilen.

Unser Verstand ähnelt einem Filmprojektor, und die Erinnerungen sind die Bilder, die wir auf die Leinwand werfen. Die Leinwand für unsere Projektionen ist immer die Person, mit der wir gerade zu tun haben. Handelt der Film, der in unserem Kopf abläuft, von Schuld oder Wut, werden wir diese Gefühle auf die gegenwärtige Situation übertragen. Wir nehmen dann unser Gegenüber als jemanden wahr, der versucht, uns Schuldgefühle einzureden, oder sehen ihn als jemanden, der unseren Zorn zu Recht verdient hat.

Wahrnehmung und Übertragung sind zwar Teil des menschlichen Wesens, aber das Ego weiß, wie es den Mechanismus der Übertragung für seine eigenen Zwecke einspannen kann. Es wird versuchen, uns davon zu überzeugen, dass das, was wir aufgrund unserer Wahrnehmung auf andere Menschen projizieren, wahr und wirklich ist. Schließlich gelingt es dem Ego tatsächlich, uns davon zu überzeugen, dass all unsere unangenehmen Gedanken und Gefühle durch andere Menschen oder bestimmte Situationen hervorgerufen werden. Das Letzte, was das Ego uns erkennen lassen möchte, ist, dass das, was wir erleben, durch das bestimmt wird, was wir denken.

Zwar wollen wir nicht gern Verantwortung für unsere Wahrnehmungen und Übertragungen übernehmen, aber wenn wir es dennoch tun, werden wir in die Lage versetzt, uns zwischen dem Glaubenssystem des Ego und dem der Liebe zu entscheiden. Wenn uns bewusst wird, wie das Ego den Mechanismus der Übertragung für seine Zwecke einsetzt, können wir etwas verändern. Wir können unsere Gefühle respektieren und uns entscheiden, ob wir uns an sie klammern oder sie loslassen wollen.

Als meine Söhne noch sehr klein waren, ermahnte ich sie immer wieder ihre Zimmer aufzuräumen. Erst viele Jahre später erkannte ich, dass mein Büro eigentlich auch ziemlich unordentlich war. Obwohl ich mich in dem Chaos eigentlich unwohl fühlte, konnte ich mir nicht gestatten, es auch wahrzunehmen. Stattdessen redete mir mein Ego ein, dass meine

Gefühle auf die Schlampigkeit meiner Söhne zurückzuführen seien.

Dem ehemaligen Partner verzeihen: Vor einigen Jahren hielt ich ein Seminar für Krankenschwestern ab, die mit Krebspatienten arbeiten. Ich bat sie, sich eine Mülltonne vorzustellen, in die sie ihre gesamte Wut und all ihre Schuldgefühle tun sollten. Nachdem sie die Mülltonne mit diesen Gefühlen gefüllt hatten, fragte ich sie, ob sie bereit seien, die Gefühle loszulassen, ob sie bereit seien, sich selbst und den Menschen, von denen sie verletzt worden waren, zu verzeihen.

»Wenn Sie so weit sind«, sagte ich, »stellen Sie sich einen riesigen, mit Heliumgas gefüllten Ballon vor. Binden Sie ihn an der Mülltonne fest, und lassen Sie ihn los. Schauen Sie zu, wie sich die Tonne langsam in die Luft erhebt, wie sie immer höher in den Himmel schwebt und schließlich völlig verschwindet.«

Fast alle machten die Übung, nur eine der Krankenschwestern stand ganz hinten und sah zu. Ich war so mit den anderen beschäftigt, dass ich sie gar nicht gesehen hatte, aber in der Pause kam sie zu mir gelaufen, um zu erzählen, was sie erlebt hatte.

»Als Sie mit der Übung anfingen«, berichtete sie, »war ich mir sicher, dass ich auf nichts wütend bin und mich auch nicht schuldig fühle. Also beschloss ich, einfach zuzusehen. Aber plötzlich fiel mir mein Exmann ein, der Hurensohn! Er hat mich wegen einer Jüngeren verlassen. Also stellte ich mir vor, dass ich ihn am Nacken packe und in die Mülltonne werfe. Ich band den imaginären Ballon daran fest und sah zu, wie er in den Himmel stieg. Als er in den Wolken verschwunden war, hörte ich ein lautes Geräusch in meinem Nacken. Und plötzlich war der Schmerz, den ich seit unserer Scheidung hatte, verschwunden.«

Sie erzählte mir weiter, dass sie in dem Augenblick erkannt hatte, dass sie gar nicht ihren Exmann losgeworden war, sondern ihre Wut über das, was er getan hatte. In ihren Worten: »Mein Mann saß mir nicht länger im Nacken!« Endlich hatte sie ihre eigene Wut erkannt und brauchte sie nicht mehr auf andere Menschen zu übertragen.

Vergangenheit und Zukunft kontrollieren: Um unser Herz und unseren Verstand darauf vorzubereiten zu verzeihen, müssen wir noch ein Hindernis überwinden: Wir müssen aufhören zu glauben, dass sich die Vergangenheit unausweichlich in der Zukunft wiederholen wird.

Werden wir angegriffen, sorgt unsere Angst dafür, dass wir uns schützen. Aber oft stellen wir Jahre später plötzlich fest, dass uns die Angst noch immer im Griff hat, weil wir glauben, noch einmal auf die gleiche Weise angegriffen zu werden. Unser Ego redet uns ein, dass wir anderen Menschen nicht vertrauen dürfen und sogar erwarten sollten, dass sie uns angreifen werden. Ein Teil von uns lebt noch immer in der Vergangenheit und glaubt fest daran, dass sie sich wiederholen wird. Es gibt einen Teil in uns, der den Glauben nicht aufgeben möchte, dass eine schmerzhafte Vergangenheit unweigerlich zu einer schmerzhaften Zukunft werden wird.

Es ist das Ego, das daran glaubt, dass man aufgrund der Vergangenheit die Zukunft vorhersagen kann – ein Ego, das sich immerfort von Ängsten, Urteilen, Schuldzuweisungen und Schuldgefühlen ernährt. Aber diese Diät trennt uns voneinander und von unserem wahren Selbst, von der Erfahrung der Liebe und der Gegenwart Gottes.

Alle Erscheinungsformen des Leidens, mögen sie auch noch so verschiedene Formen annehmen, haben ihren Ursprung in der Unfähigkeit zu vergeben. Forschungsergebnisse im Bereich der Psychophysiologie menschlichen Stresses haben gezeigt, dass unsere Gedanken und Gefühle häufig in körperliche Symptome oder emotionale Störungen umgesetzt werden. Dazu gehören Panikattacken, Depressionen, Erregungszustände, fehlendes Selbstbewusstsein, Kopfschmerzen, Rückenschmerzen, Nackenschmerzen, Magenbeschwerden, Allergien und generelle Anfälligkeit für Infektionen. Wir sollten aufhören, unseren Körper mit negativen Gedanken zu attackieren.

Unsere urteilenden und nachtragenden Gedanken, die zu Stressreaktionen führen und unserem Körper schaden, liegen vielen psychosomatischen Symptomen, aber auch tatsächlichen Organerkrankungen zugrunde. Nachtragend zu sein hat sehr reale Auswirkungen auf unseren Gesundheitszustand.

Ganz gleich, auf welche Weise wir leiden, es ist immer klug, nach unversöhnlichen Gedanken zu suchen, die unsere Heilung verhindern.

Häufig wollen wir nicht einmal die Möglichkeit in Betracht ziehen, dass wir tatsächlich nachtragend sein könnten und uns selbst dafür entschieden haben zu leiden. Unser Ego mag uns noch so oft einreden, dass wir auf diese Weise die Menschen bestrafen, die uns verletzt haben, in Wirklichkeit tun wir uns dadurch nur selbst weh. Denken Sie daran, dass das Ego von Schmerz, Angst, Unsicherheit und Krankheit genährt wird und dass es Frieden, Liebe, Glück und Gesundheit nicht ausstehen kann.

Unser starrsinniges Ego versucht uns unter Einsatz seiner üblichen Waffen davon zu überzeugen, dass es halbwegs in Ordnung ist, halbherzig zu verzeihen – solange man nur nicht vollkommen vergibt. So kann man Onkel Harry ein bisschen verzeihen, dass er auf Familienfesten immer schmutzige Witze erzählt, aber um ihn daran zu erinnern, dass man ihm seine Unhöflichkeit nicht wirklich vergeben hat, schickt man ihm zum nächsten Geburtstag keine Karte.

Eine weitere Möglichkeit des Ego, die Kontrolle über unseren Wunsch nach Vergebung zu behalten, besteht darin, jemandem zwar zu verzeihen, ihn dabei aber unsere moralische Überlegenheit deutlich spüren zu lassen. So sagt man zu Onkel Harry beispielsweise: »Ich will dir um des lieben Friedens willen verzeihen, aber ich weiß, dass du ein echtes Problem hast, und du kannst sicher sein, dass ich dich deshalb im Auge behalten werde.«

Nur zu leicht glauben wir dem Ego, wenn es die Angelegenheit so darstellt, als würden wir uns selbst in Gefahr bringen, wenn wir nicht weiterhin wütend auf diejenigen sind, die uns verletzt haben. Das Problem damit ist nur, dass sich diese negative Energie in uns anstaut und sich irgendwann gegen uns selbst richten wird.

Denken Sie daran, dass Ihre Gedanken und Glaubenssysteme bestimmen, wie Sie Ihr Leben wahrnehmen.* Der Sinn des Verzeihens besteht darin, uns von der Vergangenheit zu erlösen, uns von dem Groll zu befreien, den wir gegenüber anderen Menschen hegen. Vergebung bringt uns nicht in Gefahr, sie ermöglicht es uns, mehr in der Gegenwart zu leben. Und eine gelassen gelebte Gegenwart hilft uns, auch die Zukunft gelassener zu betrachten. Die friedliche Gegenwart wird sich auf die Zukunft übertragen, so dass Gegenwart und Zukunft eins werden. Unglücklicherweise leben die meisten von uns in einer Wirklichkeit, in der die Ängste der Vergangenheit mit denen der Zukunft verschmelzen und in der unser Glaubenssystem eine Realität erschafft, in der uns das Schlimmste noch bevorsteht.

Schuld und Scham auflösen: Als ich Diane 1981 kennen lernte, schrieb ich gerade an einem Buch mit dem Titel *Liebe ist die Antwort*. Ich hatte alle meine Freunde gebeten, mir zu erzählen, wegen was sie die stärksten Schuldgefühle hatten.

Als ich Diane dieselbe Bitte antrug, antwortete sie, dass sie sich wegen nichts schuldig fühlte. Aber noch am selben Tag fing sie an, von ihrem verstorbenen Vater zu erzählen, und entdeckte dabei, dass sie ihre Schuldgefühle, ihre Wut und ihre Unfähigkeit zu verzeihen vor sich selbst versteckt hatte.

Sie berichtete, dass ihr Vater gewalttätig gewesen war. Zwar war sie selbst nie geschlagen worden, aber sie hatte Schuldgefühle, weil sie sich gewünscht hatte, dass ihr Vater anders gewesen wäre. Sie fühlte sich auch schuldig, weil andere geschlagen worden waren und sie nicht. Sie hatte ihre Wut unterdrückt, die sich auf ihren Vater wegen seines Verhaltens richtete, und sie in einen mentalen Tresor gesperrt, der bis zu jenem Tag nicht geöffnet worden war.

Als sie sich im Verlauf der nächsten Woche an die damaligen Ereignisse erinnerte, fiel ihr ein, wie oft sie in ihrer Kindheit die Vermittlerin und Friedensstifterin gespielt hatte. Sie war mit ihren eigenen Gefühlen zurechtgekommen, weil sie sie zurückgehalten und alles in ihrer Macht stehende getan hatte, um den Familienfrieden zu sichern und zu verhindern, dass jemandem wehgetan wurde.

Als nun all die verdrängten Gefühle zum Vorschein kamen, bat sie ihre Höhere Macht, ihr zu helfen zu verzeihen. Eines Tages fühlte sie sich inspiriert, ein Gedicht an ihren Vater zu schreiben. Sie hat mir gestattet, es an dieser Stelle wiederzugeben.

Könnte ich ein Stück mit dir gehen, Papa

Könnte ich ein Stück mit dir gehen, Papa,
einen Augenblick der Zeit, den stehle ich,
wenn ich deinen Rhythmus spüren könnte,
wäre das so tröstlich für mich.

Am Ende des Tages
in den Schein der Abendsonne gehüllt,
müde von der Arbeit,
dein Tagwerk erfüllt,
fandest du Freude an kleinen Dingen.
Sie schienen mir sinnlos leere Hüllen,
und doch heute und an jedem Tag,
sind sie es, die mich erfüllen.

Deine Blumen in ihren Gärten,
aus harter Erde brachtest du sie hervor,
deine Vögel mit ihren Schwingen,
sind Gottes Werk und steigen empor.

Wir sprachen nur wenig
und teilten fast nichts als Plagen.
Könnte ich ein Stück mit dir gehen, Papa,
würde mein Herz dir sagen:
»Nie verstand ich deine Wut,
deine Enttäuschung und dein Leid,
aber so verwirrend es auch war,
hab ich daraus gelernt in meiner Zeit.«

Du hast mich gezwungen,
nach innen zu schauen,
und dort den Sinn von Leben,

Liebe und Zeit zu suchen
und danach zu streben.

Du lehrtest mich, ohne zu lehren,
gabst mir dein inneres Licht
und einen Sinn mit auf die Reise -
warum, das wusstest du nicht.

Du warst mein Gärtner,
mein Hüter und mein Lehrer,
hast auf vielerlei Art gewaltet,
mit Herz und mit den Händen
hast auch du meinen Geist gestaltet.

In meinem zarten Kokon
geschützt vor jedem Streit ich bin,
da hörte ich von innen
von des Lebens großem Sinn.

So gebe ich dir nun
auf unserem Weg heut Nacht,
mein Herz, die Verbindung zu dir,
die mich niemals mehr traurig macht.

Denn vergangen ist vergangen,
ich habe alles aufgegeben,

und wir beide wissen nun,
wir haben unser Bestes gegeben.

Ich stehe auf der Kuppe,
der Hügel meines Geistes endlos weit,
und winke dir nach
auf deiner Reise durch die Zeit.

Finde deine Familie
im Licht, in seinem hellen Schein.
Liebe, Frieden und Vergebung
mögen immer mit dir sein.

Nachdem Diane dieses Gedicht geschrieben und über ihre Gefühle für ihren Vater gesprochen hatte, entdeckte sie, dass Heilung durch Verzeihen augenblicklich stattfinden kann, selbst wenn der betreffende Mensch inzwischen gestorben ist. Vergebung löscht den Schatten der schmerzhaften Vergangenheit aus und bringt Erinnerungen an die Oberfläche, die bisher verdrängt worden waren. Heute erinnert sie sich nur noch mit Liebe an ihren Vater.

Dianes Geschichte demonstriert nicht nur die Macht des Verzeihens, sondern zeigt auch, wie wir die Beziehung zu Menschen heilen können, die entweder nicht erreichbar oder tot sind.

Diane hat ihr Gedicht und ihre Geschichte auf unseren Vorträgen und Seminaren häufig mit dem Publikum geteilt. Danach sind viele Menschen zu ihr gekommen, um sich bei ihr zu bedanken und ihr zu erzählen, wie sehr das Gedicht ihnen geholfen hat, ihre Beziehung zu ihren eigenen Vätern zu heilen.

Andere Möglichkeiten, zu verzeihen und zu heilen: Dianes Erfahrung zeigt, dass Schreiben im Prozess der Vergebung und der Heilung von Beziehungen ein machtvolles Instrument sein kann. Ein Gedicht, ein Brief an einen Freund, ein oder zwei Seiten im Tagebuch und sogar ein an jemanden, der Ihnen wehgetan hat, gerichteter Brief, der nicht einmal abgeschickt wird, kann Ihnen die Möglichkeit geben, Gefühle auszudrücken, die Ihnen zwar unangenehm sind, aber dennoch ihre Berechtigung haben.

Das verängstigte Kind, das möglicherweise noch in Ihnen lebt, kann durch den Vergebungsprozess auf tiefgehende Weise geheilt und Ihrer Liebe versichert werden. Als kleine Gedächtnisstütze können Sie je ein Foto von sich selbst als Baby und als Kind an einen Spiegel kleben, auf ihren Schreibtisch oder an jeden anderen Platz stellen, an dem Sie sich häufig aufhalten. Wenn Sie das verängstigte Kind, das Sie auf den Fotos sehen, jeden Tag lieben, werden Sie entdecken, dass das ängstliche Kind in Ihnen zu einem fröhlicheren und liebevolleren Erwachsenen wird.

*Verzeihen erschafft eine Welt, in der wir unsere Liebe niemandem vorenthalten.**

Es wird leichter zu verzeihen, wenn wir uns entscheiden, uns nicht länger für Opfer zu halten.

Vergebung ist ein andauernder Prozess und nicht etwas, das wir ein oder zwei Mal tun.

Sechs

Wunder der Vergebung

*Vergebung ist der Pfad zum Glück und der schnellste Weg, um Leid und Schmerz zu beenden.**

Dianes Geschichte aus dem letzten Kapitel zeigt, wie schnell wir etwas in uns ändern können, wenn wir uns dessen bewusst werden. Das ist eine wichtige Erkenntnis, da wir unsere Wut oft nicht nur vor anderen verbergen, sondern auch vor uns selbst. Diese verdrängte Wut wird dann der entscheidende Faktor, der uns das Verzeihen so schwer macht. Und die mangelnde Bereitschaft dazu kann uns bei lebendigem Leib auffressen und Spannungen verursachen, die unsere Beziehungen belasten und unseren Körper vergiften.

In diesem Kapitel möchte ich einige Beispiele schildern, auf welche Weise manche Menschen sich ihres Grolls aus der Vergangenheit bewusst geworden sind und wie sie ihn aufgegeben haben. Ich hoffe, dass diese wahren Geschichten Ihnen dabei helfen werden, die Vergangenheit durch Vergebung loszulassen.

Die Wunden der Religion heilen

Überall auf der Welt haben sich viele Menschen von allem abgewandt, was auch nur entfernt nach Religion oder Gott riecht, weil sie als Kinder schmerzliche Erfahrungen damit gemacht haben. Gott hat in unserer Gesellschaft in vielerlei Hinsicht einen schlechten Ruf und wird so ziemlich für alles verantwortlich gemacht. Das zeigt sich sogar in den Policen der Versicherungsgesellschaften, in denen jede Entschädigung ausgeschlossen wird, wenn es sich um »Höhere Gewalt« handelt. Darunter fallen normalerweise Naturkatastrophen wie Überschwemmungen, Erdbeben, Wirbelstürme und durch Blitzeinschlag verursachte Waldbrände. Wir sollten endlich damit aufhören, Gott für all die furchtbaren Dinge verantwortlich zu machen, die uns geschehen.

Vor kurzem aßen wir mit einer Frau zu Abend, die sich selbst als »genesende Katholikin« bezeichnete. Sie erzählte, dass sie in einem Waisenhaus aufgewachsen und dass dies eine furchtbare Erfahrung für sie gewesen sei, wegen der sie immer noch große Wut verspürte. Anschließend beschrieb sie ausführlich einige der Misshandlungen, denen sie ausgesetzt gewesen war.

Als Erwachsene merkte sie, dass sie ihre Opferrolle unter Schmerzen und mit viel Selbstmitleid immer und immer wieder annahm. Sie fand heraus, dass sie in ihrer eigenen Wut und in der Empörung darüber gefangen war, dass ihre Mutter sie verlassen hatte. Aber statt sie vor der Vergangenheit zu schützen, war ihre Wut zu einer Gefängniswärterin geworden, die sie die Vergangenheit ständig wiederholen ließ. Jedes Mal, wenn sie die Worte »Religion« oder »Gott« hörte, wurde sie wütend, weil sie das, wofür sie stehen, als Ursache ihres Leidens sah.

Seit sie sich allerdings vor zwei Jahren auf den spirituellen Weg gemacht hatte, war ihr immer klarer geworden, dass sie Gott und der Religion die Schuld daran gab, dass sie sich im Stich gelassen und missbraucht fühlte. Je mehr sie sich dessen bewusst wurde, desto mehr konnte sie auch erkennen, wie sehr sie selbst dafür verantwortlich war, dass sie sich immer noch an diesen Schmerz klammerte.

Diese Frau hat eine Menge verziehen. Jeden Tag erfährt sie eine größere Freiheit vom Schmerz und von der Wut über ihre Vergangenheit. In ihren Augen ist ein Leuchten, das vorher niemals da gewesen war, und zum ersten Mal ist sie glücklich und freut sich ihres Lebens. Sie gibt ihren Eltern und der Kirche nicht länger die Schuld an ihren Gefühlen. Sie hat die schmerzhaften Wahrnehmungen losgelassen, die sie gefangen hielten.

Verstehen Sie dies aber bitte nicht so, dass sie nun das Verhalten ihrer Eltern oder der Leute im Waisenhaus, in dem sie aufwachsen musste, gutheißt oder deren Verhalten in irgendeiner Weise in Ordnung findet. Aber sie hat endlich erkannt, dass es nur ihre eigenen Gedanken waren, die sie in dieser Agonie gefangen hielten. Verzeihen zeigte ihr den Weg in die Freiheit.

Diese Frau ähnelt vielen Menschen, die ich kennen gelernt habe, und die, nachdem sie die Wunden der Vergangenheit geheilt haben, nicht nur wieder die Tröstungen einer spirituellen Verbindung zu einer Höheren Macht erleben dürfen, sondern sogar zu ihrer ursprünglichen religiösen Praxis zurückgefunden haben. Unglücklicherweise gibt es aber auch andere, die ihr Leben durch den Kampf mit Gott und der Religion, durch ihre Wut und ihr fehlendes Vertrauen bestimmen lassen. Immer wenn wir irgendjemand die Schuld an etwas geben, können wir dies als Gelegenheit benutzen, um zu erkennen, dass wir uns an den Groll aus der Vergangenheit klammern, und dann weiter zur Vergebung voranschreiten. Indem wir uns selbst verzeihen, dass wir Gott so falsch verstanden haben, und indem wir Gott von aller Schuld entbinden, eröffnen wir uns neue Horizonte persönlicher Erfüllung.

Den Verstorbenen verzeihen

Wenn jemand stirbt, der uns sehr nahe stand, werden wir häufig von unseren Gefühlen überwältigt. Der Schmerz, verbunden mit der plötzlichen körperlichen Abwesenheit des anderen, kann ungeheuer stark sein. Manche Menschen verleugnen ihren Verlust und ihren Kummer, indem sie nicht weinen. Andere weinen möglicherweise monate- oder gar jahrelang.

Wenn ein geliebter Mensch nach langer schwerer Krankheit stirbt, fühlen sich die Angehörigen und Freunde manchmal erleichtert. Dann redet ihr Ego ihnen sofort ein, dass sie sich deswegen schuldig fühlen sollten, weil ein »guter Mensch« derartige Gefühle nicht hat.

Nach dem Verlust eines geliebten Menschen verspürt man oft Wut auf Gott und die Welt, auch wenn man sich dessen nicht immer bewusst ist. Dann redet uns das Ego ein, dass wir uns wegen dieser Wut schuldig fühlen sollten.

Auf einem Seminar in Hawaii lernte ich eine wunderbare 81-jährige Frau namens Minnie kennen, die mir erzählte, dass sie seit zwei Jahren nicht aufhören konnte zu weinen. Es hatte angefangen, als ihr Sohn im Alter von 45 Jahren starb. Seitdem befand sie sich in einer tiefen Depression, weil sie sich so allein gelassen fühlte.

Eine Woche vor dem Seminar hatte ihr Therapeut gesagt, es sei an der Zeit, »mit dem Weinen aufzuhören und ihr Leben wieder in den Griff zu kriegen«.

Als ich das hörte, vernahm ich eine leise Stimme in meinem Herzen, die mir die Worte zuflüsterte, die ich zu Minnie sagen sollte. Zuerst wies ich sie darauf hin, dass ich Arzt war, dann sagte ich, dass ich ihr ein Rezept ausstellen würde. Ihr Gesicht leuchtete auf, und sie nickte. Ich nahm ein Stück Papier und schrieb: »Es ist in Ordnung, für den Rest deines Lebens so viel und so oft zu weinen, wie du möchtest.« Ich unterschrieb und gab ihr den Zettel.

Über Minnies Gesicht zog sich ein Lächeln, das von einem Ohr zum anderen reichte. Mir war klar geworden, dass ich ihr am besten helfen konnte, indem ich sie bedingungslos liebte und akzeptierte. Sie musste nichts ändern, um von mir geliebt zu werden. Ich teilte ihr meine persönliche Überzeugung mit, dass es keine allgemein gültigen Regeln gibt, auf welche Weise ein Mensch dem Tod begegnen oder ihn betrauern soll.

Viele Verständigungsprobleme entstehen nur, weil wir für uns selbst bestimmte Regeln aufgestellt haben, die nun auch von anderen befolgt werden sollen. Diese Regeln außer Kraft zu setzen ist ein Weg, um glücklich zu werden.

Minnie ging es offensichtlich viel besser. Ich fragte sie, ob sie eine gute Vorstellungskraft besitze. Sie bejahte die Frage. Da wir gerade Pause hatten, sah ich mich im Raum um und entdeckte einen Mann, der aussah, als sei er um die 45, also in dem Alter, in dem Minnies Sohn gestorben war. Ich fragte den Mann, der Brad hieß, ob er einen Moment lang die Rolle von Minnies Sohn, der Franklin geheißen hatte, einnehmen würde. Brad sagte, er würde dies mit Freuden tun.

Ich erklärte Minnie, dass sie in den nächsten zehn Minuten ihre gesamte Imaginationskraft einsetzen sollte, um sich vorzustellen, dass sich ihr Sohn Franklin tatsächlich in Brads Körper befand. Sie konnte ihm sagen, was immer sie wollte, und Franklin würde ihr antworten. Nachdem sie zugestimmt hatte, fragte ich sie, ob sie jemals wütend auf Franklin gewesen sei, weil er sie verlassen hatte. Sie dachte eine Sekunde nach und platzte dann heraus: »Aber sicher war ich das!« Anschließend erzählte sie uns von ihren Gefühlen und ihrer Wut.

Ich half Brad, die richtigen Worte zu finden. Als Franklin erzählte er Minnie, dass es ihm gut ginge und dass er im Geiste stets mit ihr verbunden sei. Er sagte: »Wir müssen uns nicht in Körpern befinden, um miteinander zu kommunizieren. Unser Geist kann dies auch gut ohne Körper tun.«

Dann fuhr Franklin durch Brad fort zu erzählen, dass nur noch Freude existiert, sobald wir begreifen, dass wir eins mit Gott und miteinander sind. Er versicherte Minnie, dass sie niemals allein sein würde, weil sie – wann immer sie wollte – seine und Gottes Anwesenheit spüren könne.

Als Minnie diese Worte vernahm, hörte sie fast augenblicklich auf zu weinen und legte ihren Kopf an Franklins (Brads) Brust. Nach einer Weile war sie in der Lage, zu ihm zu sagen: »Ich verzeihe dir, dass du gestorben bist.«

Minnies physische Energie veränderte sich auf dramatische Weise; es schien, als wäre ihr ein großer Stein von Herzen gefallen. Sie war plötzlich ganz leicht und ein einziges großes Lächeln.

Etwa eine Stunde später kam Minnie zu mir und sagte, dass sie nicht länger das Bedürfnis habe zu weinen.

»Toll!«, erwiderte ich. »Aber wenn du möchtest, kannst du immer noch so viel weinen, wie du willst.«

Am Ende des Seminars kam Minnie noch einmal zu mir und fragte: »Jerry, jemand hat mir gesagt, dass du gerne tanzt. Stimmt das?«

»Aber ja«, antwortete ich, »ich tanze für mein Leben gern.«

Mit strahlenden Augen erzählte Minnie mir von einer Tanzveranstaltung, die abends stattfinden sollte und fragte, ob ich sie begleiten würde

Ich sagte, dass ich das gerne tun würde. Also gingen wir tanzen und hatten eine Menge Spaß. Das war nicht nur eine wunderbare Lektion über die Macht der Vergebung, sondern bestätigte auch, dass Geben wahrhaft Empfangen ist.

Vergebung im Berufsleben

Eine Herausforderung der besonderen Art sowohl für Arbeitgeber als auch für Arbeitnehmer sind die beruflichen Beziehungen am Arbeitsplatz. Hier können unter anderem Probleme wie Eifersüchteleien, Angst vor Zurückweisung oder vor Ehrlichkeit vorkommen. Manchmal kann der in beruflichen Beziehungen vorhandene Stress sogar zu körperlichen

Symptomen führen, da wir die Wut auf eine andere Person häufig nach innen richten und uns selbst attackieren. Hier ein Beispiel:

Ich war nach Kanada eingeladen worden, um dort vor einer Gruppe zu sprechen. Nun hatte aber die Direktorin dieser Organisation eine schlimme Gallenblasenentzündung bekommen und litt unter so starken Schmerzen, dass sie an der Veranstaltung nicht würde teilnehmen können. Bevor sie operiert werden konnte, musste sie aber auf ein freies Krankenhausbett warten.

Mary konnte sich wegen ihrer Schmerzen kaum mit mir unterhalten. Ich fragte sie, ob ich ihr ein paar Entspannungsübungen zeigen dürfe. Sie sagte »ja«, und schon nach wenigen Minuten begann sie sich zu entspannen und die Schmerzen ließen etwas nach.

Im darauf folgenden Gespräch erzählte sie mir, was vor den Gallenblasenproblemen passiert war. Sie hatte 15 Jahre lang in einer Arztpraxis gearbeitet. Vor sechs Monaten hatte ihr Chef sie gebeten, einige Bilder abzuhängen, die seine Schwester gemalt hatte, und neue auszusuchen.

Mary freute sich darüber, denn sie mochte die bisherigen Bilder nicht. Aber kurz nachdem sie abgenommen worden waren, kam die Schwester des Arztes zu Besuch und überredete ihn, sie wieder aufzuhängen. Mary war darüber so wütend, dass sie auf der Stelle kündigte.

Bis zu unserem Gespräch hatte Mary keine Verbindung zwischen diesen Ereignissen, ihrer Wut und der Gallenblasenentzündung gesehen. Als sie nun plötzlich erkannte, wie alles zusammenpasste, wollte sie ihre Wut zwar respektieren, sich aber ganz sicher nicht an sie klammern.

Wir fingen an, ein paar Vergebungsübungen zu machen, und schon nach 20 Minuten waren die Schmerzen verschwunden. Sie fühlte sich gut genug, um am nächsten Tag zur Konferenz zu kommen, und ihr Arzt gab ihr die Erlaubnis dazu.

Auf der Konferenz erzählte Mary ihre Geschichte und in welchem Zusammenhang die Gallenblasenentzündung mit ihrer Wut stand und wie sie durch tiefes Verzeihen von ihren Schmerzen befreit worden war. Ein paar Wochen später hatte sie ihre Vergebungsübungen in Bezug auf ihren Arbeitgeber abgeschlossen und kehrte an ihren alten Arbeitsplatz zurück.

»Himmlischer Gedächtnisschwund« bedeutet, sich nur an Liebe erinnern

Im Berufsleben kann es äußerst hilfreich sein, eine Vergebungstechnik wie die folgende anzuwenden, die man ohne größere Umstände dann üben kann, wenn es nötig ist. Stellen Sie sich vor, dass Ihnen jemand ein Medikament gegeben hat, das bei Ihnen einen teilweisen Gedächtnisschwund auslöst, der etwa zehn Minuten lang anhält. Wenn es Ihnen hilft, stellen Sie sich vor, dass sich diese besondere Medizin in einem Glas Wasser befindet, das Sie trinken. Während der folgenden zehn Minuten, in denen das Medikament wirkt, vergessen Sie alle schmerzlichen Erinnerungen an die Vergangenheit und erinnern sich nur noch an Liebe.

Viele Menschen spüren sofort, wie sie Frieden und Lebensfreude finden und viel mehr im Augenblick leben, wenn sie sich darauf konzentrieren, nur noch Erinnerungen an Liebe zuzulassen.

Ganz gleich, an welchem Punkt Ihres Lebens Sie sich gerade befinden mögen, denken Sie daran, dass Vergebung Ihnen inneren Frieden und alles andere gewährt, was Sie sich je wünschen oder erhoffen könnten. Vergebung ist ein Elixier, das Sie wieder ganz macht und das Sie in das Herz Gottes und in die Einheit mit unserem Schöpfer führt.

Verzeihen bei Naturkatastrophen

1987 wurde San Francisco von einem verheerenden Erdbeben erschüttert, bei dem viele Menschen ihr Obdach verloren. Eine der betroffenen Familien zog auf die andere Seite der Bucht in die Hügel von Oakland. Als einige Jahre später in dieser Gegend ein fürchterlicher Waldbrand tobte, wurde auch ihr neues Haus zerstört.

Es ist für Menschen, die von derartigen Katastrophen heimgesucht werden, nur zu leicht, sich als Opfer zu fühlen und sich in Selbstmitleid zu ergehen. Aber die Mitglieder dieser Familie waren anders. Sie respektierten ihre Gefühle, und sie verziehen, was in ihrem Leben passiert war. Sie erkannten an, dass sie das Geschehene nicht erklären konnten, und statt sich in ihrer Opferrolle zu suhlen, wagten sie einen weiteren Neuanfang.

Es vergeht kaum eine Woche, ohne dass sich irgendwo auf der Welt Naturkatastrophen ereignen, die viele Menschen ins Unglück stürzen. Manche Familien sehen sich als Opfer und klammern sich für den Rest ihres Lebens an ihre ohnmächtige Wut. Wie konnte es der oben beschriebenen Familie gelingen, ihre Wunden zu heilen? Sie hatte entdeckt, dass ihnen die Frage nach dem »Warum?« nicht weiterhalf. Die Antwort würde wahrscheinlich immer ein Geheimnis bleiben. Um sich von derartigen Katastrophen zu erholen, darf man nicht fragen »Warum?«, sondern »Was?« Was kann ich aus dieser Situation lernen? Was kann ich tun, um weiter zu kommen? Was habe ich aus dieser Situation gelernt, das mir in der Zukunft helfen wird?

Wenn sich derartige Katastrophen in den ärmsten Ländern der Welt ereignen, wird der Besitz vieler Menschen wahrscheinlich auf eine Schale Reis und die Kleidungsstücke reduziert, die sie am Leib tragen. Sie wissen, dass in solchen Augenblicken das Leben selbst und die Liebe ihrer Familie und Freunde am wertvollsten ist.

Einem Land verzeihen

Aus den Biographien von Anwar As Sadat, Mahatma Gandhi, Martin Luther King Jr., Nelson Mandela und vielen anderen erfahren wir, dass sie den Weg zum Verzeihen während ihrer Inhaftierung gefunden haben. Sie erkannten und respektierten ihre Verbitterung, ihre Wut und ihre Rachegefühle, aber indem sie verziehen, konnten sie diese Gefühle nach ihrer Entlassung aus dem Gefängnis in positive Energie umwandeln, mit deren Hilfe sie große Veränderungen bewirkten.

Die Geschichte dieser Männer zeigt, dass Vergebung nicht heißt, denen, die sie eingesperrt hatten, nachträglich Recht zu geben oder ihr Tun gutzuheißen. Sie hatten aber erkannt, dass das wahre Gefängnis im Kopf ist, wenn dort Angst, Wut und tiefer Groll herrschen. Es gelang ihnen, über diese Gefühle hinauszuwachsen und die sozialen Veränderungen einzuleiten, für die sie immer gekämpft hatten.

Wir haben einen lieben Freund namens Henri Landwirth, der während des Zweiten Weltkriegs in Auschwitz und anderen Konzentrationslagern inhaftiert war. Es gab eine Zeit, da dachte er, dass es unmöglich sei, denen zu vergeben, die ihn und Millionen andere so grausam behandelt hatten. Aber später änderte Henri seine Einstellung, obwohl er das Leben von seiner schlimmsten Seite kennen gelernt hatte, beinahe getötet worden war und mehre Male fast verhungert wäre.

Als Henri nach dem Krieg in die Vereinigten Staaten kam, war sein Herz voller Hass auf die deutsche Regierung. Er dachte, dass ihn diese Gefühle niemals verlassen würden, denn seine Eltern waren von den Nazis ermordet worden.

Er wurde in Amerika ein erfolgreicher Geschäftsmann und gründete eine gemeinnützige Organisation, die *Give Kids the World* (Schenkt Kindern die Welt) heißt. Diese Organisation ermöglicht es Kindern mit lebensbedrohlichen Erkrankungen, *Disney World* in Orlando, Florida, zu besuchen. Von den über 7000 Kindern, die den Park im Rahmen dieses Programms jedes Jahr besuchen, ist *Give Kids the World* für viele die Brücke in den Himmel.

Henri erzählte mir, dass es ihn fast umbrachte, den Hass auf die deutschen Soldaten, die diese Gräueltaten verübt hatten, aufrechtzuerhalten. Sein Herz wurde aber durch die Arbeit mit den Kindern verwandelt. Es war ein langwieriger Prozess, aber er sagt, dass er heute Deutschland und all denen vergeben hat, die diese schrecklichen Untaten begangen haben. Er macht klar, dass er seiner Wut nicht länger neue Nahrung geben will.

Letztes Jahr waren Henri und sieben andere Überlebende des Holocaust eingeladen worden, auf einer Galaveranstaltung zu Ehren der Opfer zu sprechen. Die Mehrzahl der Überlebenden erzählte von ihrer nach wie vor bestehenden Wut und ihrem Hass. Henri sprach als letzter. Er berichtete von den Segnungen, die ihm seit seiner Ankunft in den Vereinigten Staaten zuteil geworden waren, und erzählte, wie dankbar er für die Liebe ist, die er erhält. Er betonte, wie wichtig es ist, in der Gegenwart zu leben, statt in der Vergangenheit stecken zu bleiben.

Institutionen verzeihen

Seit dem Ende des kommunistischen Regimes sind die Beziehungen zwischen Russland und den Vereinigten Staaten viel harmonischer geworden. Auf einer Cocktailparty sagte ein russischer Diplomat zu mir: »Nun, da zwischen unseren beiden Ländern Frieden herrscht, werden die Vereinigten Staaten wohl ausziehen und einen neuen Feind finden müssen.« Ich fand diese Bemerkung sehr treffend.

Wenn wir auf das Ego hören, werden wir immer auf der Suche nach einem neuen Feind sein. Kaum haben wir einen Beziehungskonflikt gelöst, entsteht schon ein neuer. Es scheint manchmal, als könnten wir gar nicht leben, ohne gegen irgendjemand kämpfen zu müssen.

Das Finanzamt der Vereinigten Staaten, der *Internal Revenue Service (IRS)*, ist eine Institution, die man leicht hassen und zu seinem Feind erklären kann. Immer wieder kursieren Horrorgeschichten über Einzelpersonen und Firmen, die durch die unnachgiebige Praxis des IRS in den Ruin getrieben wurden. Trotz der Versicherungen bestimmter Abgeordneter, dass neue Gesetze in Arbeit sind, um die Machtfülle des IRS einzuschränken, ist die Wut vieler Menschen auf das Finanzamt so groß, dass sie sich mit dem Gedanken tragen auszuwandern.

Es ist leicht, wütend auf das Finanzamt zu sein. Schließlich kann beinahe jeder von uns genügend Beispiele anführen, die unsere Wut zu rechtfertigen scheinen. Zudem gibt es immer eine ausreichend große Zahl von Menschen, die ebenso wütend sind und unsere Gefühle unterstützen. Es ist nur allzu menschlich und verständlich, wenn man in diesen und ähnlichen Situationen wütend ist, aber es ist unser Anhaften an dieser Wut, die uns in Schwierigkeiten bringt.

Ich kenne einige Menschen, die ihre Wut auf derartige Institutionen aufgegeben haben. Sie haben ihre Rachegefühle losgelassen, verziehen und sich in Frieden neuen Herausforderungen zugewandt. Ich betone noch einmal, dass Vergebung – sei es nun einem Freund oder einer ganzen Gesellschaft gegenüber – diejenigen, die andere in missliche Situationen bringen, sie ermorden oder ihnen emotionale Verletzungen zufügen, nicht von ihrer Verantwortlichkeit entbindet. Zu verzeihen heißt nicht, derartiges Verhalten gutzuheißen.

Verzeihen ist vor allem ein Prozess, durch den wir unsere eigenen negativen Gedanken aufgeben und unseren Geist und unsere Seele heilen.

Ist es überhaupt möglich, in dieser Welt zu

leben, ohne daran glauben zu müssen, dass wir von Feinden umgeben sind? Wann immer ich mir diese Frage stelle, denke ich an einen Cartoon, in dem Pogo sagt: »Wir sind dem Feind begegnet, und er ist wir.«

Vielleicht werden wir alle, wie von Pogo angedeutet, an jenem Tag keine Feinde mehr haben, an dem wir uns dafür entscheiden, der Vergangenheit zu vergeben und vollkommen in der Gegenwart zu leben. An diesem Tag werden wir entdecken, dass uns nur die fehlende Bereitschaft zu verzeihen an die Vergangenheit gekettet hat.

Dem Militär verzeihen

Das Ego besitzt die Fähigkeit, uns in Bezug auf jeden Menschen, jeden Ort und jede Institution in seinen eisernen Griff aus Konflikten und Schuldzuweisung zu nehmen. Vergebung ist der Schlüssel, der die Ketten öffnet, mit denen das Ego uns fesselt.

Wie die folgende Geschichte zeigt, verbergen wir unseren Groll manchmal so tief im hintersten Winkel unseres Verstandes, dass wir nicht einmal wissen, welche Urteile und welcher Kummer dort schwelen.

1979 waren mein Freund Bill Thetford und ich eingeladen worden, im Luftwaffenstützpunkt von Travis im Norden Kaliforniens ein Seminar über Vergebung zu halten. Auf dem Weg dorthin begann ich mich immer unbehaglicher zu fühlen. Schließlich sagte ich Bill, dass ich anhalten und mit ihm sprechen müsse.

»Bill«, begann ich, »wie kann ich ein Seminar zum Thema ›Vergebung‹ halten, wenn ich so eine riesige Wut auf das Militär habe?«

Während des Koreakriegs hatte man mich gezwungen, meine Stelle als Assistenzarzt in der Kinderpsychiatrie aufzugeben, und nach Travis eingezogen. Ich hatte mich mit jeder Faser meines Körpers dagegen gesträubt, denn ich lehnte es ab, Menschen zu verletzen oder zu töten, ganz gleich aus welchem Grund. Unter keinen Umständen wollte ich einer Organisation dienen, die es unter bestimmten Umständen für richtig hielt, Menschen umzubringen.

»Ich habe immer noch diese Wut auf alles Militärische, weil sie mich gezwungen haben, gegen meinen Willen zu dienen.« Ich erzählte

Bill, dass ich mich noch immer an diese Gefühle klammerte und in dieser Beziehung meinen inneren Frieden immer noch nicht gefunden hatte. In mir tobte ein Krieg.

Ich bat Bill, mit mir zu meditieren, während ich versuchte, diese Gefühle loszulassen, zu verzeihen und ohne all das Gepäck aus der Vergangenheit zurück in die Gegenwart zu kommen. Und es klappte! Schon bald war mein innerer Friede wiederhergestellt, und wir hielten ein sehr erfolgreiches Seminar ab. Ich hatte keines der alten negativen Gefühle gegenüber dem Militär mehr.

Vergebung ermöglicht es uns, unsere Ganzheit zu erfahren, unsere Einheit mit allem Leben. Sie öffnet uns die Augen, damit wir das Licht und die Liebe erkennen können, die unser aller Wesen ist.

Mit dem Verzeihen ist es wie mit einer Schwangerschaft. Entweder *ist* eine Frau schwanger oder sie ist es *nicht*. Ebenso wenig kann man halbherzig verzeihen. Diese Art von Vergebung funktioniert nicht, denn Vergebung muss absolut und vollständig sein.

Es hilft immer, die Menschen und Situationen, denen wir noch nicht verziehen haben, auf neue Weise anzuschauen. Fragen Sie sich, ob Sie sich selbst nützen oder schaden, wenn Sie an Ihrem alten Groll festhalten.

Der Prozess der Vergebung hat keine bestimmte Struktur oder feste Form. Der Mensch, dem Sie verzeihen, muss sich überhaupt nicht ändern. Es ist sogar möglich, dass er sich niemals ändern wird! Die einzige Bedingung ist Ihre Bereitschaft, Ihr eigenes Denken zu ändern.

Sich selbst verzeihen

Die Mitarbeiter des *Zentrums für die Heilung von inneren Einstellungen* aus dem kalifornischen Sausalito waren mit Diane und mir zu einem Seminar nach Hawaii geflogen. Im Lauf des Seminars bat ich die Teilnehmer, sich paarweise zusammenzutun. Die beiden Partner sollten sich gegenübersitzen, und dann sollte einer von ihnen dem anderen etwas erzählen, das er sich selbst gern verzeihen würde. Der Zuhörer sollte sich bemühen, das Gesagte nicht zu beurteilen und einen Raum bedingungsloser Liebe zu schaffen.

Als ich erzählen sollte, was ich mir selbst noch nicht verziehen hatte, fiel mir zunächst nichts ein, aber dann schoss mir ein Gedanke durch den Kopf. Ich erzählte der mitfühlenden, verständnisvollen Frau, die mir gegenübersaß, dass ich mir einen festen Termin gesetzt hatte, an dem ich die Überarbeitung des Buches, an dem ich gerade schrieb, fertig haben wollte. Mir war bisher nicht klar gewesen, dass ich mich selbst und meinen Fortschritt am Buch beurteilt hatte, aber nun wurde mir plötzlich bewusst, dass ich mir äußerst schlechte Noten gegeben hatte.

Ich erzählte meine Geschichte zu Ende, und als ich fertig war, hatte ich mir bereits dafür verziehen, dass ich mich so hart beurteilt hatte. Dass meine Partnerin dann sagte: »Ich vergebe dir«, war nur noch das I-Tüpfelchen.

Dann fragte mich meine neugierig gewordene Partnerin: »Wie soll das Buch, an dem du arbeitest, denn heißen?«

Ich hatte die Frage kaum beantwortet, als wir beide schon vor Lachen platzten, denn das Buch, an dem ich damals schrieb, ist das, das Sie in Händen halten – *Verzeihen ist die größte Heilung*.

Obwohl ich dieses Buch geschrieben habe, erliege auch ich manchmal Versuchungen und muss mich immer wieder Herausforderungen stellen. Wahrscheinlich werden wir – so lange wir uns in unseren Körpern befinden – immer versucht sein, zu urteilen und nicht zu verzeihen. Wir müssen uns immer wieder daran erinnern, dass jeder neue Moment eine Gelegenheit ist, eine Wahl zu treffen. Ich bin überzeugt, dass das größte Geschenk, das wir bekommen haben, unsere Fähigkeit ist, die Gedanken zu wählen, die wir denken wollen. Die Freiheit, sich zu entscheiden, kann uns aus unserem selbst errichteten Gefängnis befreien. Sie kann uns vor dem Feind retten, den Pogo entdeckt hat – vor uns selbst und unserem Anhaften an die Vergangenheit.

Verzeihen trägt uns in den Fluss der Liebe. Und die Auswirkungen unseres Verzeihens erinnern uns daran, dass Liebe die einzige Realität ist, dass Liebe alles und überall ist. Es gibt nichts außer Liebe, sie ist die Antwort auf jede Frage und die Lösung zu jedem Problem, dem wir jemals gegenüberstehen werden.

Einem Kind und einem Schulleiter verzeihen

Ich bin überzeugt, dass wir nur dann eine Gesellschaft haben werden, die auf Zusammenarbeit statt auf Konkurrenz aufgebaut ist, wenn wir anfangen, im Elternhaus und in den Schulen Liebe und Vergebung zu praktizieren. Wenn wir daran glauben, dass wir damit Wunder wirken können, dann werden diese Wunder auch geschehen.

1998 flogen Diane und ich nach Akkra, in die Hauptstadt Ghanas, um das dortige *Zentrum für die Heilung von inneren Einstellungen* zu besuchen. Während unseres Aufenthalts erzählte uns die Leiterin, Mary Clottey, die folgende Geschichte.

Mary ist Lehrerin an einer Schule, die etwa zwei Stunden von Akkra entfernt liegt. Im Unterricht verbringt sie viel Zeit damit, ihren jungen Schülern zu helfen, herauszufinden, wie man miteinander kommuniziert, ohne wütend zu werden und zu raufen. Dabei betont sie immer den Wert der Vergebung. Ihre Schüler nennen sie deshalb »die Vergebungslehrerin«.

In der Schule gab es einen zehnjährigen Jungen, der eine echte Plage war. Er prügelte sich mit allen Kindern und störte, wo er nur konnte. Er benahm sich wie ein Elefant im Porzellanladen und zerstörte viele Dinge, ohne aber jemals die Verantwortung dafür zu übernehmen.

Eines Tages wurde er auf frischer Tat dabei ertappt, wie er Geld aus der Handtasche der Lehrerin stahl. Der Schulleiter griff hart durch und berief eine Schulversammlung ein. Der Tradition der Schule gemäß sollte der Junge vor allen anderen mit einem Stock gezüchtigt werden, während die anderen Schüler zusehen mussten. Auf diese Weise würde erst ein Exempel statuiert werden, anschließend würde man ihn der Schule verweisen.

Die gesamte Schülerschaft versammelte sich im Auditorium, wo die Züchtigung stattfinden sollte. Aber als der Junge nach vorne geführt wurde, um seine Bestrafung entgegenzunehmen, stand Mary auf. Gerade als sie sagen wollte: »Verzeiht ihm!«, sprangen die Schüler um sie herum auf.

»Verzeiht ihm! Verzeiht ihm! Verzeiht ihm!«, riefen sie, bis die ganze Versammlung in ihren Ruf einstimmte.

Das Junge starrte die anderen Schüler an, dann brach er zusammen und fing an zu schluchzen. Plötzlich hatte sich die Atmosphäre im Saal verändert.

Der Junge wurde nicht gezüchtigt, er wurde auch nicht der Schule verwiesen. Stattdessen verzieh man ihm und liebte ihn. Seit jenem Tag war er nie wieder in eine Rauferei verwickelt, hat nichts mehr zerbrochen, nichts gestohlen und den Unterricht nicht mehr gestört.

Zuerst glaubten viele der Anwesenden, dass es hart und ungerecht vom Schulleiter gewesen sei, den Jungen vor der versammelten Schülerschaft bestrafen zu wollen, aber auch ihm wurde verziehen. Im Verlauf dieses Prozesses wurde der Samen für eine neue, liebevollere Atmosphäre an der Schule gesät.

Verzeihen in der Gemeinde

Ich möchte eine weitere Geschichte aus Afrika erzählen. Wenn ein Stammesmitglied der Babemba aus Südafrika ungerecht gewesen ist oder unverantwortlich gehandelt hat, wird er in die Dorfmitte gebracht, aber nicht daran gehindert wegzulaufen.

Alle im Dorf hören auf zu arbeiten und versammeln sich um den »Angeklagten«. Dann erinnert jedes Stammesmitglied, ganz gleich welchen Alters, die Person in der Mitte daran, was er in seinem Leben Gutes getan hat.

Alles, an das man sich in Bezug auf diesen Menschen erinnern kann, wird in allen Einzelheiten dargelegt. Alle seine positiven Eigenschaften, seine guten Taten, seine Stärken und seine Güte werden dem »Angeklagten« in Erinnerung gerufen. Alle, die den Kreis um ihn herum bilden, schildern dies sehr ausführlich.

Die einzelnen Geschichten über diese Person werden mit absoluter Ehrlichkeit und großer Liebe erzählt. Es ist niemandem erlaubt, das Geschehene zu übertreiben, und alle wissen, dass sie nichts erfinden dürfen. Niemand ist bei dem, was er sagt, unehrlich oder sarkastisch.

Die Zeremonie wird so lange fortgeführt, bis jeder im Dorf mitgeteilt hat, wie sehr er diese Person als Mitglied der Gemeinde schätzt und respektiert. Der ganze Vorgang kann mehrere Tage dauern. Am Ende wird der Kreis geöffnet, und nachdem der Betreffende wieder in den

Stamm aufgenommen worden ist, findet eine fröhliche Feier statt.

Wenn wir durch die Augen der Liebe sehen, wie es in dieser Zeremonie so schön sichtbar wird, entdecken wir nur Vergebung und den Wunsch nach Integration. Alle Mitglieder des Kreises und die Person, die in der Mitte steht, werden daran erinnert, dass uns durch Verzeihen die Möglichkeit gegeben wird, die Vergangenheit und die Angst vor der Zukunft loszulassen. Der Mensch in der Mitte wird nicht länger als schlecht bewertet oder aus der Gemeinschaft ausgeschlossen. Stattdessen wird er daran erinnert, wie viel Liebe in ihm steckt, und dann wieder in die Gemeinschaft integriert.

Verzeihen unter Brüdern

Die schwierigsten Konflikte und Probleme haben wir oft mit Mitgliedern der eigenen Familie, denen wir vorwerfen, etwas Unverzeihliches getan zu haben. Als ich vor vielen Jahren einen Vortrag in Honolulu, Hawaii, hielt, kam ein sehr formell gekleideter Mann mittleren Alters auf mich zu und bat mich um ein Gespräch.

Da alle anderen Anwesenden leger gekleidet waren und viele von ihnen hawaiische Hemden trugen, vermutete ich, dass er Arzt war – und hatte Recht. Er sagte, dass sein Bruder und er seit sechs Jahren nicht mehr miteinander geredet hätten. Ihre Beziehung war im Streit beendet worden. Er erzählte weiter, dass er mein Buch *Lieben heißt, die Angst verlieren* gelesen hätte, und weil er den Wert des Verzeihens erkennen konnte, hatte er beschlossen, seinen Bruder anzurufen.

Dann hatte er es tatsächlich getan und seinem Bruder erzählt, dass er die Vergangenheit gerne loslassen würde und das Geschehene geschehen sein lassen würde. Die beiden Männer kamen überein, sich eine Woche später zu treffen. Ihr gemeinsames Mittagessen war sehr harmonisch, und keiner der beiden wärmte den vergangenen Streit wieder auf. Stattdessen war ihr Tisch in das Strahlen ihrer Liebe gehüllt.

Der Arzt dankte mir, weil er glaubte, dass er dieses Gespräch ohne das Buch niemals geführt hätte. Es war für ihn von ganz besonderer Bedeutung, da sein Bruder eine Woche später bei einem Autounfall ums Leben kam. Ist diese Geschichte nicht eine wunderbare Erinnerung daran, dass es niemals zu früh oder zu spät ist, um zu verzeihen?

Etwa zehn Jahre später wurde mir wegen gesundheitlicher Probleme empfohlen, zu einem bestimmten Arzt zu gehen. Als ich seine Praxis betrat, stellte er sich vor und fragte, ob ich mich an ihn erinnern würde. Ich musste zugeben, dass dem nicht so war. Dann sagte er: »Ich bin der Mann, der Ihnen erzählt hat, was passiert ist, als er seinem Bruder verziehen hatte.« Ich war froh, dass ich ihm noch einmal für seine Geschichte danken konnte, die ich im Lauf der Jahre Tausenden erzählt habe.

Richtlinien des Verzeihens

Ich hoffe und glaube, dass Sie die Geschichten dieses Kapitels als Beispiele und Richtlinien nehmen werden, um zu erkennen, auf welche Weise Vergebung auch in Ihr Leben integriert werden kann. Im nächsten Kapitel werde ich sowohl Vorbereitung als auch Durchführung des Vergebungsprozesses skizzieren.

Zu verzeihen ist der kürzeste Weg zu Gott.

Verzeihen ist der Radiergummi, der die schmerzhafte Vergangenheit auslöscht.

Vergebung kann nicht nur für diejenigen äußerst wichtig sein, die sterben, sondern auch für ihre Hinterbliebenen.

Sieben

Schritte auf dem Weg zur Vergebung

*Mache den inneren Frieden zu deinem alleinigen Ziel; versuche nicht, andere zu ändern oder zu bestrafen.**

Vorbereitung: Ändern Sie Ihre innere Einstellung

Der erste Schritt, um die Gewohnheiten des Verstands zu ändern, besteht darin, ihn zur Ruhe zu bringen, damit wir uns nicht ständig in der Geschäftigkeit des Alltags verlieren. Gebete können dabei helfen, aber wenn Sie meditieren, sollten Sie diese Praxis als Ausgangspunkt nehmen.

Meditation bedeutet einfach, einen stillen Geist zu kultivieren. Vielleicht sind Sie schon einmal auf einer Bergwanderung an einen See gekommen, dessen glatte Oberfläche so klar und so rein war, dass Sie bis auf den Grund schauen konnten. Dieses oder ein ähnliches

Bild könnte für Sie zum Symbol für den stillen Geist werden.

Ein friedvoller Geist ist unser natürlicher Zustand, der sich durch Ausgeglichenheit, Ruhe, Freude und Liebe auszeichnet. Die Klarheit, die dieser Zustand mit sich bringt, ist möglich, weil es in ihm keine widerstreitenden Gedanken, keine Urteile oder Ängste gibt.

Um einen friedvollen Geist zu erlangen, sollten Sie sich zunächst ein Bild wie das des Bergsees aussuchen. Finden Sie dann einen Ort, an dem Sie niemand stört – weder andere Menschen noch das Klingeln des Telefons oder sonst etwas. Verbringen Sie zwischen 5 und 20 Minuten täglich damit, sich auf dieses Bild zu konzentrieren.

Es kann auch äußerst nützlich sein, sich allein in der Natur aufzuhalten und das Einssein mit ihr zu spüren. Seien Sie einfach still, und lassen Sie sich durch nichts ablenken. Die Stille, die entsteht, weil es hier weder Fernsehen, Radio, Telefon noch Gespräche gibt, wird Ihnen helfen, empfänglicher für die verschiedenen Möglichkeiten der Vergebung zu sein.

Ich habe in diesem Kapitel eine Reihe von Prinzipien aufgelistet, die ich in den vorangegangenen Kapiteln bereits beschrieben habe. Lassen Sie sich durch den Umfang der Liste nicht stören. Seien Sie nett zu sich selbst, haben Sie Geduld. Widerstehen Sie der Versuchung, sich mit anderen zu vergleichen oder Ihren eigenen Fortschritt zu bewerten. Machen Sie diese Übung auf eine Weise, die für Sie angenehm und natürlich ist, und respektieren Sie sich dafür.

Bleiben Sie offen, während Sie sich diese Prinzipien noch einmal anschauen. Erinnern Sie sich daran, dass es in Ordnung ist, nicht mit jedem dieser Gedanken einverstanden zu sein oder einzelne sogar ganz abzulehnen. Ob Sie verzeihen, das entscheiden Sie allein. Sie *müssen* nicht verzeihen und auch nicht an Vergebung glauben. Aber bemühen Sie sich nach Kräften, die Konsequenzen Ihrer Entscheidung einzuschätzen, wird Ihnen Ihr Herz dabei helfen.

- Öffnen Sie sich für die Möglichkeit, Ihr Glaubenssystem in Bezug auf Vergebung zu ändern.

- Ziehen Sie den Gedanken in Betracht, dass

Sie nicht nur ein Körper sind, sondern ein spirituelles Wesen, das vorübergehend in einem Körper lebt.

- Erwägen Sie die Möglichkeit, dass Leben und Liebe eins und ewig sind.

- Entdecken Sie, dass Selbstmitleid keinen Wert hat.

- Entdecken Sie, dass Nörgeln keinen Wert hat.

- Entscheiden Sie sich dafür, glücklich zu sein, statt Recht zu haben.

- Entscheiden Sie sich dafür, Ihre Opferrolle aufzugeben.

- Machen Sie inneren Frieden zu Ihrem einzigen Ziel.

- Sehen Sie alle Menschen, denen Sie begegnen, als Lehrer in Sachen Verzeihen.

- Glauben Sie daran, dass unversöhnliches

Denken und das Festhalten an altem Groll dazu führen, dass Sie leiden.

- Erkennen Sie, dass jeder emotionale Schmerz, den Sie in diesem Augenblick fühlen, ausschließlich durch Ihre eigenen Gedanken hervorgerufen wird.

- Glauben Sie daran, dass Sie die Macht haben, sich zu entscheiden, welche Gedanken Sie denken.

- Glauben Sie daran, dass Ihnen das Festhalten an der Wut nicht das bringt, was Sie sich wirklich wünschen.

- Glauben Sie daran, dass es für Sie von Vorteil ist, Entscheidungen auf der Grundlage von Liebe statt von Angst zu treffen.

- Glauben Sie daran, dass Selbstbestrafung keinen Wert hat.

- Glauben Sie daran, dass Sie es verdient haben, glücklich zu sein.

- Sehen Sie andere Menschen nicht als Bedrohung, sondern als ängstliche Wesen, die einen Hilferuf nach Liebe ausstoßen.

- Seien Sie bereit, das Licht eines unschuldigen Kindes in allen Menschen zu sehen, denen Sie begegnen – unabhängig davon, welches Kostüm sie tragen und welche furchtbaren Dinge sie getan haben mögen.

- Seien Sie bereit, das Licht eines unschuldigen Kindes in sich selbst zu sehen.

- Zählen Sie Ihre Segnungen und nicht Ihre Verletzungen.

- Erkennen Sie, welchen Wert es hat, alles Urteilen aufzugeben.

- Glauben Sie daran, dass Liebe die stärkste Heilkraft der Welt ist.

- Glauben Sie daran, dass jeder Mensch, dem Sie begegnen, ein Lehrer in Sachen Geduld ist.

- Glauben Sie daran, dass Vergebung der Schlüssel zum Glück ist.

- Glauben Sie daran, dass Sie den »himmlischen Gedächtnisschwund« erleben und eine Zeit lang alles vergessen können – außer der Liebe, die andere Menschen Ihnen geschenkt haben.

- Erkennen Sie an, dass jede Begegnung eine heilige Begegnung ist. Stellen Sie sich vor, dass der Mensch, den Sie treffen, tatsächlich Jesus, Buddha, Mohammed oder Mutter Teresa ist, dass in der Persönlichkeit, mit der Sie es zu tun haben, diese oder andere weise spirituelle Lehrer leben. Ganz gleich, wie Ihre Beziehung Ihnen auch erscheinen mag, behandeln Sie sie wie eine heilige Beziehung, die Ihnen die Möglichkeit gibt, etwas zu lernen.

- Geben Sie die Idee auf, dass das Verletzen oder Bestrafen eines anderen Menschen oder Ihrer selbst auch nur den geringsten Wert hat. Denken Sie daran, dass der Sinn des Verzeihens nicht darin besteht, den anderen

Menschen zu verändern, sondern die widerstreitenden negativen Gedanken in Ihrem Kopf zu verwandeln.

Durchführung:
Entscheiden Sie sich zu verzeihen

Ein einziges Wort – *Bereitschaft* – verleiht Ihnen die Macht, im Vergebungsprozess voranzukommen. Wenn Sie anfangen und zu sich selbst sagen, dass Sie bereit sind, all Ihren Ärger und das, was gerechtfertigte Wut zu sein scheint, Ihrer höchsten Wahrheit zu überantworten – einer Höheren Macht, Gott oder mit welchem Namen Sie den Grund Ihres Seins auch benennen mögen –, wird Ihre Wut in Liebe verwandelt werden. Es ist Ihre Bereitschaft, Hilfe von dieser Höheren Macht zu erbitten, die es Ihnen ermöglicht, Wut in Liebe zu verwandeln.

- Beschließen Sie, dass Sie nicht länger unter dem Bumerang-Effekt Ihrer unversöhnlichen Gedanken leiden wollen.

- Schreiben Sie einen Brief an die Menschen, denen Sie verzeihen möchten. Drücken Sie all Ihre Gefühle aus, und zerreißen Sie anschließend den Brief.

- Drücken Sie Ihre tiefsten Gedanken und Gefühle in schönen Worten aus, denn für viele Menschen hat das Schreiben von Gedichten während des Vergebungsprozesses eine heilsame Wirkung.

- Seien Sie sich darüber im Klaren, dass Ihr einziges Ziel der innere Friede ist, nicht die Veränderung oder Bestrafung eines anderen Menschen.

- Seien Sie willens, in dem Menschen, der Ihnen wehgetan hat, einen Ihrer besten Lehrer zu sehen, der Ihnen die Möglichkeit gibt, wahrhaft zu erkennen, was es überhaupt heißt zu verzeihen.

- Denken Sie daran, dass Sie auch sich selbst verzeihen, wenn Sie einem anderen Menschen verzeihen.

- Erkennen Sie, welcher Wert darin liegt, andere Menschen und sich selbst zu segnen und für sie zu beten, und fangen Sie damit an.

- Denken Sie daran, dass Verzeihen nicht bedeutet, dem anderen Menschen Recht zu geben oder sein verletzendes Verhalten gutzuheißen.

- Genießen Sie das Glück und den Frieden, die aus dem Verzeihen entstehen.

Sanftmut ist der Bruder, Zärtlichkeit die Schwester der Vergebung.

Zu verzeihen erleichtert
uns die Last des Lebens.

Es ist niemals zu früh oder zu spät,
um zu verzeihen.

NACHWORT

Wenn wir die Verantwortung dafür übernehmen, alles, was die Gegenwart der Liebe verhindert, durch Verzeihen aus dem Weg zu räumen, werden wir Frieden, Freude und Glück in einem Ausmaß erleben, das unser Vorstellungsvermögen übersteigt.

Tiefes Verzeihen ist die Brücke zu Gott, zur Liebe und zum Glück. Dank dieser Brücke können wir uns von Schuldgefühlen, Schuldzuweisungen und Scham verabschieden. Sie lehrt uns, dass Lieben heißt, die Angst zu verlieren.

Vergebung reinigt die Atmosphäre und läutert Herz und Seele. Sie verbindet uns mit allem, was heilig ist. Indem wir verzeihen, verbinden wir uns mit dem, was größer ist als wir selbst, mit dem, was jenseits unseres Vorstellungsvermögens und unseres Verständnisses liegt. Verzeihen ermöglicht es uns, Frieden mit dem Mysterium des Lebens zu schließen. Vergeben gibt uns die Möglichkeit, das zu tun, weswegen wir hierher gekommen sind:

Lehre nur die Liebe, denn das ist, was du bist.

Zum Abschluss dieses Buches möchte ich einige Zeilen mit Ihnen teilen, die ich 1998 in Bosnien schrieb, als Diane und ich auf unserem Weg zu einem Seminar mit dem Titel »Vergebung und Versöhnung für religiöse und spirituelle Führer« waren.

Vielleicht möchten Sie diese Zeilen ja einmal in der Woche lesen, um sich so die Prinzipien der Vergebung aus diesem Buch in Erinnerung zu rufen.

VERZEIHEN

Zu verzeihen ist das beste Rezept, um glücklich zu sein.

Nicht zu verzeihen ist das beste Rezept, um zu leiden.

Ist es möglich, dass alles Leid
– ungeachtet seiner Ursache –
ein Element der Unversöhnlichkeit in sich trägt?

Das Klammern an Rachegelüste,
das Verweigern von Liebe und Mitgefühl
muss sich mit Sicherheit
auf unsere Gesundheit und unser Immunsystem auswirken.

Das Festhalten dessen, was wir »gerechte Wut« nennen,
verhindert, dass wir den Frieden Gottes erfahren.

Verzeihen heißt nicht
der Tat zustimmen.
Es heißt nicht
verbrecherisches Verhalten gutheißen.

Verzeihen bedeutet
nicht länger in den Ängsten der Vergangenheit leben.

Verzeihen bedeutet
die Wunden nicht länger aufkratzen,
damit sie aufhören können zu bluten.

Verzeihen heißt
ohne die Schatten der Vergangenheit
vollkommen in der Gegenwart
leben und lieben.

Verzeihen heißt
frei sein von Wut
und aggressiven Gedanken.

Verzeihen bedeutet
alle Hoffnung auf eine bessere Vergangenheit fahren lassen.

Verzeihen bedeutet
niemand von Ihrer Liebe ausschließen.

Verzeihen heißt
das Loch in Ihrem Herzen heilen,
das unversöhnliche Gedanken gerissen haben.

Verzeihen heißt
das Licht Gottes in jedem Menschen sehen
– unabhängig von seinem Verhalten.

Vergebung gilt nicht nur dem anderen Menschen,
sondern uns selbst,
den Fehlern, die wir gemacht haben,
und der Schuld und Scham, an die wir uns klammern.

Vergebung in seiner tiefsten Bedeutung heißt,
uns selbst dafür zu verzeihen,
dass wir uns von einem liebevollen Gott getrennt haben.

Vergebung heißt,
Gott zu verzeihen
und uns für unsere falsche Wahrnehmung,
dass wir jemals allein
oder im Stich gelassen wurden.

In diesem Augenblick zu verzeihen bedeutet,
dass wir nicht länger
König oder Königin des Klubs der Zauderer sind.

Vergebung gibt uns die Chance
zu spüren, dass wir im Geist
als eins mit allen verbunden sind
und alle mit Gott.

Es ist niemals zu früh zu verzeihen.
Es ist niemals zu spät zu verzeihen.

Wie lange brauchen Sie, um zu verzeihen?
Die Antwort hängt von Ihrem Glauben ab.
Wenn Sie glauben, es wird nie geschehen,

wird es nie geschehen.
Wenn Sie glauben, Sie brauchen sechs Monate,
brauchen Sie sechs Monate.
Wenn Sie glauben, Sie brauchen nur eine Sekunde,
werden Sie nur so lange brauchen.

Ich glaube von ganzem Herzen,
dass Frieden auf Erden sein wird,
wenn jeder von uns die Verantwortung dafür übernimmt,
jedem – auch sich selbst – vollständig zu verzeihen.

Danksagung

Ich möchte den vielen Menschen, die in das *Zentrum für die Heilung von inneren Einstellungen* nach Sausalito in Kalifornien gekommen sind, ebenso von Herzen danken wie den vielen Freunden, denen meine Frau Diane Cirincione und ich im Lauf der Jahre begegnet sind und von denen wir so viel über das Verzeihen gelernt haben.

Mein ganz besonders herzlicher Dank gilt meinem lieben Freund Hal Zina Bennett, der mir bei der Schlussredaktion des Buches sehr geholfen hat.

Ich bin Cynthia Black und Richard Cohn und den anderen Mitarbeitern des Verlags *Beyond Words* besonders dankbar für ihre hilfreichen Anmerkungen, ihre Unterstützung und Ermutigung beim Schreiben dieses Buches.

Ich möchte darauf hinweisen, dass manche der in diesem Buch vertretenen Gedanken meine Auslegung der in *Ein Kurs in Wundern®* dargelegten Prinzipien sind. Gelegentlich habe ich Inhalte des Kurses in leicht abgewandelter

Form wiedergegeben, und einmal habe ich direkt daraus zitiert. Die freie Wiedergabe dieser Textstellen ist jeweils durch ein Sternchen (*) kenntlich gemacht.

Ich danke Judith Skutch Whitson und Robert Skutch von der *Foundation for Inner Peace* für die Genehmigung, Zitate aus dem Kurs zu verwenden.

A Course in Miracles wurde von der *Foundation for Inner Peace,* P.O. Box 598, Mill Valley, California 94942-0598 herausgegeben. Die deutsche Ausgabe *Ein Kurs in Wundern®* erschien im Greuthof Verlag, Herrenweg 2, D-79261 Gutach im Breisgau.

Wenn Sie Informationen über das *Zentrum für die Heilung von inneren Einstellungen* in Sausalito, Kalifornien, haben möchten, dann schreiben Sie bitte an:

THE CENTER FOR ATTITUDINAL HEALING
33 Buchanan Drive
Sausalito, CA 94965
U.S.A.

Tel. 001-415-331-6161
Fax: 001-415-331-4545
Website: www.healingcenter.org